유한계급론

문화 · 소비 · 진화의 경제학

시대의 절대사상

유한계급론

문화 · 소비 · 진화의 경제학

| 원용찬 | 베블런 |

살림

*e*시대의 절대사상을 펴내며

고전을 읽고, 고전을 이해한다는 것은 비로소 교양인이 되었다는 뜻일 것입니다. 또한 수십 세기를 거쳐 형성되어 온 인류의 지적유산을 제대로 이해하고, 그 바탕 위에서 새로운 자기만의 일을 개척할 때, 그 사람은 그 방면의 전문가가 될 수 있을 것입니다. 프랑스의 대입제도 바칼로레아에서 고전을 중요하게 취급하는 까닭도 그와 같은 이유 때문이겠지요.

그러나 예전에도, 현재에도 고전은 유령처럼 우리 주위를 떠돌기만 했습니다. 막상 고전이라는 텍스트를 펼치면 방대한 분량과 난해한 용어들로 인해 그 내용을 향유하지 못하고 항상 마음의 부담만 갖게 됩니다. 게다가 지금 우리는 고전을 읽기에 더 악화된 시대를 살고 있습니다. 변하지 않고 있는 교육제도와 새 미디어의 홍수가 우리를 그렇게 만들고 있는 것입니다.

고전을 읽어야 하지만, 읽기 힘든 것이 현실이라면, 고전에 친근하게 다가갈 수 있는 새로운 방법을 응당 고민해야 하지 않을까요? 살림출판사의 *e*시대의 절대사상은 이러한 문제의식을 가지고 기획되었습니다. 고전에 대한 지나친 경외심을 버리고, '아무도 읽지 않는 게 고전'이라는 자조를 함께 버리면서 지금 이 시대에 맞는 현대적 감각의 고전을 만들고자 했습니다.

고전의 내용이 지나치게 주관적으로 해석되어 전달되는 위험을 피할 수 있도록 그 분야에 대해 가장 정통하면서도 오랜 연구 업적을 쌓은 학자들이 자신의 경험을 응축시켜 새로운 고전에의 길을 열고자 했습니다. 마치 한 편의 잘 짜여진 다큐멘터리 프로그램을 보듯 고전이 탄생할 수 있었던 시대적 배경과 작가의 주변 환경, 그리고 고전에 담긴 지혜를 재미있게 습득할 수 있도록 내용을 구성했고 난해한 전문용어나 개념어들은 최대한 알기 쉽게 설명했습니다.

　　이전에 경험하지 못했던 새로운 감각의 고전 e시대의 절대사상은 지적욕구로 가득 찬 대학생·대학원생들과 교사들, 학창시절 깊이 있고 폭넓은 교양을 착실하게 쌓고자 하는 청소년들, 그리고 이 시대의 리더를 꿈꾸는 모든 사람들에게 생생하게 살아 숨쉬는 인류 최고의 지혜를 전달할 것이라고 확신합니다.

기획위원

서강대학교 철학과교수 강영안

이화여자대학교 중문과교수 정재서

들어가는 글

우리에게 베블런은 유한계급을 비판하는 '과시적 소비'란 개념으로 잘 알려져 있다. 그래선지 과시적 소비에 치여 베블런이 한쪽 구석으로 밀려난 느낌마저 든다.

베블런이 유한계급의 과시적 행태를 비난하는 데만 그쳤다면 그는 단순한 사회비평가나 풍자가에 머물고 말았을 것이다. 베블런은 유한계급의 계보를 야만문화 속에서 추적하고, 사고습관과 본능적 성향이 현대문명 사회에서 어떻게 발현되고 있는가를 추적하였다. 그는 마르크스가 계급적 관계로 접근했던 자본가 자리에 유한계급을 앉히고 그들의 생활양식과 제도(=관습화된 상징체계) 속으로 파고들어 진화경제학의 새로운 패러다임을 만들어냈다.

우리들 삶의 무게는 하나의 주제를 갖고 얼마나 고민하고 싸웠느냐에 달려 있다고 한다. 베블런은 노르웨이 이민자 출신의 이방인이었으며 기득권과 부자를 상대로 싸우고 세상에서 버림받을 정도로 타인의 접근을 불허하던 '고독한 검객'이었다. 그런 이방인이 미국 최초의 토착 경제학자가 된 것은 아이러니한 일이 아닐 수 없다.

베블런은 칸트로 박사학위를 받았으며 헤겔, 마르크스, 흄, 퍼스, 듀이 등의 철학을 섭렵하고 또 버리기도 하였다. 강물을 다 건넜으면 이제 나를 태워줬던 뗏목을 버려야 한다. 버리지 않으면 내 것이 나올 수 없다. 베블런은 과거의 관점과 선입견에서 탈피하고 과감히 그것을 버릴 것을 강조한다. 이런 시각에서 보면, 오늘의 주류경제학이 아직도 뉴턴의 기계론적 목적론에서 벗어나지 못하고 있는 상황은 안타까움을 자아낸다.

배운 것을 버릴 줄 알았던 베블런이 구축한 진화적 방법론과, 소비문화와 상징의 새로운 경제학적 개념장치는 21세기 현대 소비자본주의를 분석하고 다양한 실험과 응용을 통해 주류경제학의 군건한 빗장을 끌러가고 있다.

베블런의 모든 핵심장치와 철학은 『유한계급론』한 권에 녹아 있다. 그러나 베블런의 까다롭고 괴팍한 성격, 경제학의 경계를 넘어서는 해박한 지식, 24개 언어를 넘나드는 언어

구사력, 그리고 내심을 들키지 않으려는 듯한 문장구조와 다중적 의미의 단어 선택은 『유한계급론』을 해독하기 어렵게 만들었다.

하지만 조금만 인내한다면 세상을 보는 다른 눈길과 그물망처럼 펼쳐진 사상의 폭을 얻을 수 있다. 이를 통해 현대사상과 철학, 문화와 상징소비, 프로이트 심리학, 사회계층 간의 갈등, 도박과 스포츠, 현재의 일상생활에까지 연결되고 녹아 있는 베블런의 깊은 사유의 맛을 보게 될 것이다. 오늘날 권위와 위선 속에 감춰진 허위의식과 기만을 폭로하는 베블런의 날카로운 시각은 고전 읽기의 백미를 가져다준다.

유기체로서 인간 종種의 보존에 기여하는 제작본능은 프로이트의 에로스(생성과 유기체적 통합)와 연결되고, 과시적 소비와 모방은 도킨스의 문화적 모방인자(Meme)를 이끌어 냈다. 약탈문화와 타나토스(해체와 파괴본능)는 전쟁의 이유를 보여준다. 베블런이 최초로 열었던 소비문화 영역은 바타이유, 보드리야르, 부르디외로 흡수되어 현대의 하이퍼자본주의를 분석하는 토대를 마련한다.

베블런의 고독하고 쓸쓸했던 생애를 보노라면 자본주의 시대에 경제학자 노릇을 한다는 것이 쉽지 않다는 점을 깨닫게 된다. 지식인이란 모름지기 외로운 삶을 곁에 둬야 한다는 선인의 말이 떠오른다. 게다가 경제학자가 경세제민經世濟民

에 충실하려 한다면 철학에서 삶과 사물의 근원적 이치를 끄집어내야 하는데, 그러기가 쉽지 않다.

　베블런의 『유한계급론』과 함께하는 여행길을 통해서, 심오한 사상과 경제학 방법론, 이방인의 고단한 삶을 반추할 수 있었으면 한다.

건지산 기슭에서

원용찬

문화, 소비, 진화의 경제학

유한계급론

2부 『유한계급론』을 말한다

3부 본문

문화, 소비, 진화의 경제학

유한계급론

4부 관련서 및 연보

1부

베블런과 당신들의 아메리카

The Theory
of the
Leisure Class

베블런은 경제학의 경계를 넘어서 철학과 생물학에 이르기까지 당대의 모든 사상을 섭렵했던 거대한 사상가다. 그러면서도 그는 강물을 건너면 뗏목을 버리고 홀로 외롭게 걸어야 하듯이 과거의 선입관과 관점을 과감히 탈피하여 새로운 패러다임을 구축하였다. 그것이 바로 진화론적 경제학이다.

베블런의 진화론적 인간과 본능, 적응과 경쟁, 제도(=습관화된 상징체계, 문화) 개념은 현대경제학에 새로운 주춧돌을 놓아 주었다.

베블런의 생애는 안정과 거리가 멀었으며 영원히 떠돌아다니는 디아스포라의 삶이었다. 세상과 영합하지 않았던 노르웨이 출신 이방인의 날카로운 시선은 19세기 아메리카와 유한계급을 여지없이 해부할 수 있었다.

베블런의 독특한 사상과 경제학을 만나보고, 개성이 강한 지식인의 고독하고 쓸쓸했던 생애도 반추해 보자.

1장

베블런의 세계,
변화하는 경제학

경제학의 새로운 패러다임
: 진화, 인간, 관습, 지식

　　대학원 시절이었다. 교정의 나뭇잎마다 매캐한 최루탄이 묻어나곤 했다. 경제학도 마르크스의 세례를 받아 답답한 강단을 뛰쳐나가고 있었다. 모든 것이 어수선했고 내 삶도 방황이었다. 시대와 떨어져 있다는 무력감으로 빈둥거리는 시간이 계속되었다. 생계문제도 해결해야 했고 취업을 할까 망설이기도 했다.

　　어느 날 일본에서 낯선 책 한 권이 도착했다. 어렵사리 주문했지만 몇 달이 지난 터라 깜박 잊고 있었다. 책은 사사키의 『가치론의 방법론적 문제들』이었다. 그 책과 처음 대면했을 때 느꼈던 아득함은 지금도 잊지 못한다. 책 전체가 난해한 헤겔 철학과 베블런의 경제사상으로 온통 뒤엉켜 있었다. 기껏해야 객관식 경제학 문제에서나 얼굴을 내밀던 '과시적 소비'의 베블런이 거대한 헤겔 철학과 경제학의 방법론적 줄기를 다투고 있었다는 것은 자못 충격이었다.

『유한계급론』은 아예 읽을 엄두도 내지 못했다. 새로운 도전을 위해 아리스토텔레스, 헤겔의 『정신현상학』과 『논리학』, 마르크스 철학을 닥치는 대로 읽느라 또 몇 달이 흘러갔다. 어쩌면 삶의 방황이 우연히 만난 베블런에 와서 끝자락을 보이고 있는지 모를 일이었다.

강의실 경제학은 아직도 뉴턴의 기계론적 세계관

현재 우리가 강의실에서 배우는 경제학은 아직도 뉴턴의 기계론적 세계관을 벗어나지 못한다. 경제학의 수요와 공급 법칙이 대표적이다.

우선 뉴턴은 우주를 정밀한 부속품들이 결합하여 스스로의 운행법칙에 따라 움직이는 기계장치로 생각하였다. 거대한 기계장치는 하나님의 설계에 따라 제작된 산물이다. 물리와 자연법칙의 기계론에서 하나님의 존재는 여전히 굳건한 위치를 차지하고 있다.

당연히 우주는 제작자의 의도와 목적에 맞춰 운행되어야 하며 그것은 세계와 자연법칙의 질서에 합당한 일이기도 하

베블런 초상화. 예일 대학의 아트갤러리에
걸려 있다.

다. 뉴턴이 이해했던 기계론적 세계는 신의 의지에 따라 최종질서를 향해가는 목적론(teleology)을 내재한다.

경제학의 시장세계도 가격에 대응하여 수요와 공급이 균형을 유지하는 정상定常상태를 궁극의 목표로 삼는다. 어떤 상품이 시장 외부의 특수한 사정 때문에 일시적으로 수요가 증가해서 가격이 오른다고 해도 가격 인상에 따라 공급도 증가하기 때문에 시장은 원래의 균형가격으로 되돌아온다. 균형가격은 자연스러운 질서의 최종점인 까닭에 자연가격이라 부른다.

이렇게 시장세계의 '불균형'이 안정적 '균형'을 최종 지향해 가는 이유는 무엇일까. 기계론의 목적 개념으로 보면 신의 섭리에 의해 자연스러운 질서가 작동되기 때문이다. 이것을 애덤 스미스A. Smith는 '보이지 않는 손'이라 불렀다.

지금도 간혹 "시장이 모든 것을 궁극적으로 해결할 테니까 정부는 간섭하지 말라!"는 말을 듣는다. 이런 진술의 저변에는 보이지 않는 손의 신성神性을 아직도 믿고 있거나 시장을 마치 살아 움직이는 인격체로 간주하는 애니미즘의 사고습관이 은근히 깔려 있다고 보면 되겠다.

베블런은 어떤 힘을 배후로 삼아 균형점에 도달하는 당시 경제학의 방법론을 통렬히 공격한다. 고전학파 경제학은 기계론적 목적론과 애니미즘의 선입견(preconception)을 벗어나지 못하는 근본적 한계를 지니고 있었다.

헤겔과 마르크스 역시 목적론적 선입관념에 사로잡혀 있다고 베블런은 비판한다. 마르크스의 역사철학은 원시 무계급의 공산사회에서 출발해 노예제, 봉건제, 자본주의 단계를 차례대로 거쳐 공산주의라는 최종적인 목적을 향해 끊임없이 진보하는 것이다. 단일한 시간 선상에서 직선적으로 진행되는 역사발전 5단계설은 무계급사회에서 최종적인 목적을 달성하게 된다.

베블런은 뉴턴의 기계론적 세계관을 떨쳐 버렸다. 목적론과 신학적 선입관념에서 탈피하여 독자적 방법론을 과감히 경제학에 끌어들였다. 베블런은 헤겔과 마르크스에게 많은 빚을 졌으나 결별할 수밖에 없었다. 그는 강을 건너게 해 줬던 무거운 뗏목을 버리고 이내 홀로 외로운 길을 걷는다.

다윈 진화론에서 출발한 베블런의 경제학 패러다임

황량한 벌판에 섰던 베블런은 지적 패러다임의 혁명을 일으켰던 다윈Charles R. Darwin을 만난다. 다윈의 진화론은 생물은 살기 위해 끊임없이 다투고 싸우는 생존경쟁과 여기서 적응하는 최적자만이 살아남는다는 적자생존의 법칙을 기본 바탕으로 한다.

다윈주의는 환경에 잘 적응해서 유리한 변이를 가진 개체만이 자연선택을 통해 생존이 가능하고 그렇지 못한 종은 도태된다고 하는 변화 원리이며, '적응, 생존, 경쟁'을 키워드로 한다. 모든 변화의 흐름은 적합한 유전인자(gene)가 계승되고, 서로 영향을 미치며, 내부의 인과관계들이 누적되어 끊임없이 진화하는 과정이기도 하다.

뉴턴의 기계론적 목적론과 분명한 획을 긋는 다윈주의는 생물계의 진화에서 목적은 없다고 선언한다. 진화론은 무목적성, 우연성, 맹목성을 양보할 수 없는 토대로 삼고 있다.

요즈음 진화론을 배척하는 기독교 창조론은 창조주를 지적 설계자(intelligent design)로 바꿔 부른다. 신은 여전히 인간을 포함하여 세계를 아주 정교하게 설계하였다는 것이다. 이런 창조주의 설계는 애초부터 의도된 목적과 필연성을 갖고 시작하였으니 당연 진화론에서 보이는 무목적성, 우연의 산물과 여전히 대립한다.

어떤 생물학자는 진화론의 입장에서 하나의 예를 들어, 만약 지구가 35억 년 전으로 되돌아간다면 오늘날 번창하고 있는 인간 생명체가 다시 생겨날 확률은 제로라고 단정한다. 그

만큼 인간은 신의 계획과 설계의 산물이 아니라 우연일 뿐이란 뜻이다.

다윈주의에서 출발한 베블런의 제도 개념과 진화경제학은 당연히 뉴턴이 가졌던 직선상의 시간관념, 목적론, 필연성을 비판하게 된다.

진화경제학은 사물의 운동변화에 부여되는 애니미즘적인 정령숭배를 부정하고 오직 사실적 내용(a matter of fact)에 기초하는 비인격화(impersonal) 과정을 중시한다. 또한 인과관계가 누적되어 전개되더라도 최종지점이나 필연성을 가지지 않는 무목적성을 띤다.

모든 변화는 어디로 갈지 모른다. 역사는 끊임없이 최종의 목적을 향해 진보하는 것이 아니라, 앞을 향해 가기도 하고 후퇴할 수도 있으며, 어떤 우연 또는 변이의 발생에 의해 예측 불허한 방향으로 가기도 한다. 미래 변화의 방향은 불확실하며, 이것은 베블런이 즐겨 쓰는 표현처럼 앞이 보이지 않는 맹목적(blind) 성향을 지닌다.

1899년 『유한계급론』이 출판되었을 때 책의 부제는 '제도의 진화(the Evolution of Institutions)에 관한 경제적 연구'였지만 초판 이후에는 '제도의 경제적 연구'로 바뀌었다. 아마도 베블런의 경제학은 그 자체가 진화를 의미했기에 굳이 진화라는 말을 필요로 하지 않았으리라.

『유한계급론』은 단순히 유한계층(leisure class)과 부자들의 과시적 소비를 풍자한 것에 그치지 않고 그것을 뛰어넘어 진화적 패러다임 위에서 경제학의 방법론을 새롭게 실험하고 구축한 기원이 되었다. 베블런을 만나기 전까지 나는 신고전학파의 주류경제학(오늘날 경제학 교과서)이 가정하는 인간 개념에서 뭔가 수인囚人과도 같은 답답함을 느꼈다. 그러다 베블런을 따라 어렴풋이나마 감옥으로부터의 출구를 찾을 수 있었다.

인간은 이득만 따지는 '경제인'이 아니라 능동적 주체

어느 날 찬란히 내리쬐는 아침 햇살을 보았다. 생의 약동과 희열을 느끼면서 어제 내렸던 나름대로 합리적이고 냉정한 결정을 다시 생각해 보았다. 그러다 내가 조금 손해 보기로 작정하고 났더니 불편했던 마음이 아침 이슬처럼 사라졌다. 이러한 경험은 누구나 있을 것이다.

인간은 합리와 비합리, 이성과 감성이 복합된 존재이다. 사랑하다가도 미워하고 자기 것만 챙기려다가 서로 돕기도 하는 매우 복잡한 성향의 유기적 구성체라 할 수 있다.

인간의 내면 깊숙한 곳에는 수많은 본능의 다발(a bundle of instincts)이 엉켜 있다. 그런 본능들은 당시의 사회적 상황과 문화구조에 따라 제약받거나 발현(release)되기도 하고 상호 영향을 주고받으며 복잡하게 진화해 가기도 한다.

이득본능 하나만 갖고 생각해 보자. 중세시대까지도 시장 교환을 죄악시했던 문화상황에서 인간의 이득본능은 아예 잠자거나 발현되지 못했다. 자신의 이득을 내세우는 인간은 공동체에서 추방되었으며 그것은 곧 죽음을 의미했다. 내가 갖고 싶은 물건이 있으면 선물 주고받기의 호혜적(reciprocal) 회로를 통하였다.

개인의 이기심은 자본주의 문화를 만나서야 비로소 정당화되고 제도를 움직이는 역동적 힘으로까지 발현되었다. 물론 지나친 이득본능은 건강한 자본주의 문화에서 비난받는다. 이기적 본능과 이타적 행위들이 서로 복잡하게 엉키면서 오늘의 자본주의 문화를 여전히 이끌고 있는 것이다.

인간의 내면세계는 수많은 본능과 충동으로 꿈틀거리고 명징한 의식과 복잡한 무의식이 실타래처럼 얽혀 있다. 인간 존재의 전체성(wholeness) 중에서 주류경제학은 이기적 특성만 살려 두고 나머지 온갖 다양한 부분을 잘라내 버린다. 그래서 인간은 이득과 손실을 따지고 경제적 동기에만 매달리는 경제인(호모 에코노미쿠스, Homo economicus)으로만 남게 된다. 그 결과 전체적 인간은 모든 사회·문화적 관계와 단절되고 경제적 이득만을 따지는 저울 같은 차가운 존재가 되고 만다.

자신을 둘러싼 환경과 고립된 경제인은 원자론적 인간으로, 최소비용(고통)으로 최대의 효용(쾌락)을 얻으려는 공리주의적 인간행동에 근거하고 있다. 이런 경제인의 개념을 베블런은 집중적으로 공격한다. 경제인이란 쾌락주의적(hedonistic) 인간 개념으로서 쾌락과 고통의 재빠른 계산기였다. 개인은 활력도 없을뿐더러(inert) 수동적이며 단지 주어진 존재일 뿐이었다.[1]

베블런은 수동적이고 정적(static)이며 추상화된 경제인을 철저히 배격한다. 베블런은 고도의 추상화 단계에서 성큼 내려와 환경변화에 적응해 가는 인간의 능동적 모습을 구체적으로 그렸다. 인간은 더 이상 효용과 비효용(disutility)만을 계산하는 경제인의 피동적 존재가 아니라 어떤 목적을 실현해 가는 능동적 주체인 것이다.

진화론에서 사회의 변화, 즉 역사는 필연론과 목적성을 갖지 않는다. 하지만 인간은 어떤 목표를 설정하고 계획을 세워 자기를 실현하려고 하는 목적론적 존재라는 베블런의 메시지를 결코 놓쳐서는 안 된다.

베블런의 본능, 인간의 목적 활동을 능동적으로 이끄는 요소

조금 뜬금없는 이야기를 해야겠다. 오래 전부터 화성의 붉은 반점이 관측되었다. 그것이 무엇인가를 놓고 300년 동안

이나 무수한 이론이 오갔으나 오래도록 궁금증은 풀리지 않았다.

마침내 1978년 화성을 탐사하던 우주선 보이저호가 유황가스가 화산처럼 폭발하는 사진 장면을 보내 왔다. 멀리서 보았을 때 안정된 것처럼 보였던 화성의 붉은 반점은 놀랍게도 강풍과 형형색색의 소용돌이였다. 질서정연하게 보였던 것이 사실은 혼돈의 카오스였던 것이다.

시장세계도 마찬가지다. 멀리서 바라볼 때 화성의 붉은 반점은 수요와 공급이 언제나 균형을 이루는 안정된 가격 메커니즘의 계界와도 같다. 그러나 시장을 가까이서 관찰하면 이야기가 달라진다. 수많은 인간 군상이 자기 상품을 팔기 위해 다투고 적당히 사기 치거나, 어떤 상품을 히트시켜서 순식간에 초과 수요의 불균형 상태로 만들어 이윤을 얻어 내는, 강풍의 소용돌이처럼 매우 불안정한 시스템일 뿐이다.

말하자면 멀리서 보는 추상화된 시장은 안정된 반점이며, 가까이서 구체화된 시장의 내면은 색깔마다 다른 기체의 소용돌이와도 같다.

추상화된 호모 에코노미쿠스도 고정되고 불변적이며 안정된 반점이다. 이런 추상적 경제인의 시각으로 먼 옛날의 원시부족 집단을 투사하면 구체적 미개인도 이득과 손실만을 따지는 영악한 경제적 동물로 보편화되어 버린다. 개개인의 구체적 내용을 제거하고 호모 에코노미쿠스라는 절대적 잣대를 갖고 자신의 질서세계로 분류시켜 편입하려는 잘못을 우리는 '오도된(displaced) 추상화의 오류'라고 지적한다.

베블런의 진화경제학은 고정불변하는 호모 에코노미쿠스를 거부한다. 그는 화성의 안정된 반점 대신에 강풍과 형형색색의 기체 움직임 속으로 직접 뛰어 들어간다. 베블런식으로 하면 기체의 소용돌이는 바로 인간의 내면 깊숙한 곳에 자리 잡고 있는 '본능'이라고 할 수 있다.

본능은 기체와도 같이 소용돌이치며 끊임없는 역동성을 갖는다. 본능은 어느 시기에나 인간행동의 공통적인 기초를 이루지만 상이한 역사적, 사회적, 제도적 상황 속에서 매우 다양한 방법과 구체적 내용으로 표출된다.[2]

베블런은 역사 진행에서 거대한 목적론과 애니미즘을 거부하였으나 개인의 목적론적 행위는 적극 받아 들였다. 여기서 본능이란 바로 인간 활동을 어떤 목적론적인 내용(a thing of teleological content)으로 이끄는 능동적 요소로 규정된다. 사실 베블런은 본능, 습관, 제도에 대해서 딱 떨어지게 정리해 놓지는 않았다. 그는 다른 논문에서 본능을 "의도된 목적에 적응하려는 것도 포함한다"고 써 놓았다.

흐르는 강물을 보노라면 누구든 건너고 싶은 마음이 든다. 강을 건너려는 목적은 여러 가지로 다르다. 새로운 세계를 찾거나 더 많은 열매를 얻기 위한 목적도 있으며, 주변의 동료들을 의식하다가 그들에게 뒤지지 않으려는 자존심 싸움과 경쟁심 때문에 강을 헤엄쳐 건너는 경우도 것이다.

먼저, 초기의 평화로운 공동체단계로서 더 많은 열매를 채취하고 더 큰 사냥감을 잡아야 하는 부족을 생각해 보자. 여기서 솜씨 좋은 노인은 자신이 직접 만든 뗏목 기술로 부족 사람들이 강 건너에서 많은 수확물을 거두는 데 기여한다. 생산하고 창조하는 노인은 항상 존경과 명성을 얻는다. 이렇게 해서 잡은 사냥감은 공동체의 생존을 위해 서로 균등하게 배분된다. 아직 사유재산이라는 관념도 없는 단계이다.

좀 더 발달한(?) 다른 지역의 부족은 생각과 행동이 다르다. 일찌감치 이웃의 여자와 재물을 뺐는 데 맛을 들였던 터라 그렇다. 그들은 이웃 부족의 뗏목을 빼앗고 약탈하러 강을 건너기도 한다. 그들 사이에서 약탈행위는 공동체의 집단적 사고습관에 따라 정당화된 지 오래되었다.

후자의 부족 이야기를 더 해 보자. 이 부족에서 칼을 휘두르며 남의 것을 뺏는 약탈행위는 전사의 명성을 돋보이게 한다. 대신에 땀 흘려 뗏목을 만드는 노동은 신체가 허약하거나 천한 노예의 몫으로 추락한다. 뗏목 노동에 종사하는 일은 건장한 남자라면 수치스러운 직업으로 분류된다.

약탈에 정당성을 부여하는 사고습관(habits of thought)이

확산되면 전리품은 명예의 상징으로 각광받는다. 이러한 사고습관으로 약탈문화가 형성되면 명성의 기준도 바뀌고 인간의 사고방식과 행동도 새롭게 유도된다. 베블런이 이렇게 습관화된 문화적 상징체계를 '제도(institution)'라고 불렀다는 데 주의하자. 베블런의 제도는 곧 '문화'인 셈이다.(이에 대해서는 뒤에 다시 논의한다.)

다시 베블런의 '본능' 개념을 되돌아보면, 본능이란 뗏목을 만들고(workmanship) 강물을 앞 다투어(emulation) 건너고자 하는 목적론적 행위로 인간을 이끄는 능동적 요소라고 생각하면 되겠다. 다만 그 본능은 평화와 약탈문화의 사고습관에 따라 달리 발현될 뿐이다.

오늘의 행동은 어제 행위의 누적된 결과와 관습의 산물

강물은 직선으로 똑바로 건너야 가장 빠르다. 추상적 경제인은 극대화원리에 의거하여 합리적으로 행동하기 때문에 가장 빠른 직선코스로 가고자 할 것이다. 하지만 대개 사람들은 누가 언제 놓았는지는 모르지만 냇물 속에 살짝 잠겨 있는 징검돌을 하나씩 딛느라 꼬불꼬불한 곡선으로 건넌다.

보편적이라 생각되는 호모 에코노미쿠스의 행동은 언젠가부터 놓여 있는 징검돌, 즉 어제의 행위가 누적된 결과와 관습에 의해서 제약된다. 이것을 제한된 합리성(bounded rationality)이라 부른다.

제한된 합리성에서는 직선(보편적 극대화원리)보다는 지금의 신고전학파 경제학이 무시하고 있는 징검돌(관습적 행동, 사회문화적 패턴과 제도)을 중시한다. 오늘의 행동을 어제가 원인이 되고 진화되어 나타난 결과의 축적물로 보기 때문이다. 베블런은 이것을 누적적 인과관계(cumulative causation)라고 부른다.

인간의 현재적 행동은 자신만의 천부적 이성과 합리성에 의해 결정되지 않는다. 과거의 누적된 행위와 관습, 또 이것들이 체계화되어 나타난 규칙이나 제도에 의해서 현재의 행동이 결정된다는 것이 바로 제한된 합리성이다.[3] 여기서 제도경제학과 진화경제학이 출발한다. 그것은 베블런의 방법론적 문제의식에서 기원하며『유한계급론』의 고전적 의미를 더욱 보태 준다.

지식의 상대성, 문화, 소비, 상징

베블런은 인간행동의 중요한 결정인자로서 사회 문화적 환경을 강조한다. "현재는 역사이다. 즉 우리는 만들고 동시에 만들어진다"[4]라는 말은 베블런의 경제학에서 인간행동과 제도(문화)의 상호 영향관계를 강조하는 것이다.

지식은 문화의 자기반영

어디 인간행동뿐인가, 우리들의 사고와 지식도 집합체의 관습, 문화, 제도에 따라 결정되고 끊임없이 진화해 간다. 지식은 절대로 형이상학적이거나 가치중립적이지 않다. 지식은 상대적이다. 어느 시대의 관점, 선입견, 사고관습이 새롭게 바뀌면 우리들의 앎과 지식도 다르게 변화한다.

인간은 세계와 직접 대면하지 않는다. 있는 그대로의 세계는 언어, 선입견, 상징 등의 중간세계를 통해서만 우리들에게 인식된다.

우리는 무지개의 프리즘을 세어 보진 않았지만 색깔이 일곱 가지라는 사실은 정확히 안다. '일곱'이라는 지식의 선입견으로 무지개를 바라보기 때문에 일곱 가지의 색깔로 보인다. 일곱 개의 빛깔은 뉴턴의 선입견이다. 뉴턴은 신이 내려준 가장 아름다운 빛깔이 일곱이며 도, 레, 미, 파 등의 음계도 일곱이라고 생각했다.

뉴턴의 선입견이 미치지 않은 멕시코의 원주민 마야족에게는 무지개 색이 5가지이며 아프리카에서는 두서너 색깔로만 보인다. 이처럼 똑같은 사물과 자연이라도 공동체 내부의 문화에서 그것을 어떻게 바라보는가에 따라 관찰된 지식도 다른 모습으로 나타난다.

베블런은 인간행동과 지식이 문화의 자기반영(self-reflexivity)이란 점을 강조한다. 과학적 지식이란 것도 결국은 문화적 모체에서 진행되는 것이다.

쿤T. S. Kuhn의 패러다임 이론도 베블런의 상대적 지식론처럼 문화의 자기반영성을 중심축으로 하고 있다. 패러다임은 주어진 집단구성원(과학자 집단)들에 공유되는 믿음·가치·기술記述들의 집합적 구성체를 말한다. 구체적인 문제해

결(puzzle solving) 방식도 문화적 모체에서 공유되고 누적적으로 발전된 이론의 축적에 불과하다.

지식은 절대성과 필연성을 갖지 않는다. 절대적 지식이란 것도 따지고 보면 관습적 사실, 선입견의 계승, 문화의 자기반영에 지나지 않는다. 따라서 사회과학은 지식에 내재하고 있는 선입견과 목적론적 편견을 충분히 검토하고 비판해야만 한다. 베블런이 헤겔과 마르크스의 필연성과 목적론을 비판하고 시장세계에 깃든 애덤 스미스의 정령숭배적인 애니미즘의 잔재와 선입견을 걷어 냈던 것처럼 말이다.

지식은 선입견과 사고습관의 포로이기 때문에 그대로 받아들여선 안된다. 그것에 부단히 의혹의 눈길을 보내고 비판해야 한다. 그렇지 못한 지식은 단단하게 굳어진 교조적 이데올로기가 되어 우리들을 이전 시대의 포로로 만든다.

베블런은 끊임없이 비판하고 회의했기에 진화적 경제학을 세울 수 있었다. 베블런은 회의주의자(skeptic)였던 것이다.

여기서 잠깐 『유한계급론』을 이해하기 위해 다시 한 번 짚어야 할 대목이 있다. 베블런은 제도경제학의 기원을 이루었다. 그런데 대체 여기서 제도란 무엇을 말하는가. 베블런은 제도를 매우 다양한 의미로 사용하고 있다. 우리가 생각하는 화폐제도, 토지제도 등과 같은 법제적 개념이 결코 아니다.

베블런은 제도를 사고습관이 굳어지고 관습이 체계화된

것으로 본다. 또한 제도는 습관화된 상징체계를 의미한다. 인간행동과 지식이 어떤 습관, 어떤 편견, 어떤 제도의 포로가 되었는가를 해석하고자 했던 것이 베블런의 진화론적 방법론이다.

상징과 소비, 문화와 해석학의 새로운 영역을 연 『유한계급론』

베블런의 제도 개념은 '있는 그대로의 세계'와 '나' 사이의 중간세계에서 관습화되어 굳어진 상징적 의미체계를 뜻하기도 한다.

커다란 나무 밑에 붉은 돌이 하나 놓여 있다고 하자. 세월이 흐르면서 어느덧 원시 미개인은 이 돌을 신비스럽게 생각하였다. 붉은 돌은 애니미즘의 사고습관과 함께 '마법의 수호신'으로 인식된다. 미개인들은 붉은 돌에 온갖 길흉화복을 의지하고 아픈 환자가 발생하면 무조건 달려가서 치성을 드리곤 하였다.

이제 붉은 돌은 관습화된 상징적 의미체계를 지닌다. 마법의 붉은 돌처럼 상징적 의미는 관습화되어 인간의 사고방식과 행동을 지배하고 누구든지 숭배해야 하는 제도로 굳어지는 것이다.

붉은 돌은 '있는 그대로의 붉은 돌'이 아니라 중간세계의 애니미즘적 해석을 거쳐서 기호(code)가 되고 제도화된 상징체계라 볼 수 있다. 물론 붉은 돌의 상징적 의미체계와 제도화된 관습은 바뀌기도 하고 그렇지 않을 수도 있다. 기계문명 시대에 접어들면 낡은 시대의 애니미즘도 새로운 사고습관과 관점에 자리를 내줘야 사회가 발전한다는 당연논리는 베블런의 신념과도 일치한다.

더 이상 붉은 돌은 애니미즘이 전가된 사실(imputed facts)이거나, 또 돌멩이에 인격을 부여하는 의인화된(anthropomorphic) 사실이어서도 안 된다. 탈주술적 의미에서 붉은 돌은 아름답게 조각할 정도로 멋있다거나, 있는 그대로의 사실로서 탈인격적(impersonal)으로 존재할 뿐이다. 바로 베블런이 말하는 기계(과학)적 관점이다.

상징은 언어와 기호를 통해 표현되는 의미로서 진화과정을 거친다. 예를 들어, 똥이란 언어는 '더럽다'는 가치를 이미 내포하고 있다. 오늘날 똥은 더럽다는 상징 의미를 갖지만 중세에는 꼭 그렇지만은 않았다. 토지가 부의 유일한 원천이었던 중세 농경사회에서 인분과 가축의 배설물은 유일한 비료였다. 이때 똥은 '더러운 똥'이 아니라 '유익한 똥'으로 해석되는 것이다. 하나의 사물은 인간과 자연의 상호작용 과정에서 중간세계를 형성하고 시대마다 변화하는 상징과 의미를 토해 낸다.

베블런은 진화하는 기호와 상징의 의미체계를 찾아내고

해석하기 위해 노력하였다. 그는 경제학을 단순한 물질주의에서 해방시켜 해석학(hermeneutics)의 차원으로 끌어올렸고, 상징체계에 근거하여 소비와 문화에서 기호의미론을 최초로 연 인물로 평가된다.

신사의 지팡이에서 끄집어낸 문화적 기호론

어떤 시골의 젠틀맨이 아침에 지팡이를 들고 걷는 모습을 보고 경제학자들은 무엇을 생각할까.

애덤 스미스는 지주계층인 젠틀맨이 어디론가 지대를 받으러 간다고 본다. 그에게 젠틀맨의 아침 나들이는 지대를 받기 위한 자기이득 행위이다. 지주, 푸줏간, 제빵업자 모두가 각자 이득에 따라 행동하면 사회는 전체적으로 보이지 않는 손에 이끌려 조화로운 세계가 이뤄진다.

영국의 경제학자 리카도D. Ricardo는 이와 달리 생각할 것이다. 1723년생의 애덤 스미스보다 50년 늦게 태어났던 리카도는 산업혁명의 격동기를 거치면서 시장세계를 갈등과 대립으로 해석하였다.

당시 신흥 공업자본가와 지주세력은 갈등관계에 있었다. 신흥 부르주아들은 외국 농산물을 제한하는 곡물법의 폐지를 외치고 있었다. 자유무역을 실시해서 국내의 곡물가격이 떨어져야 산업성장에 이득이 되었기 때문이다.

『유한계급론』의 표지. 과시적 소비의 상징으로서 애완견이 그려져 있다.

리카도의 눈에는 아침 길을 재촉하는 농장주 젠틀맨이 어느 산업자본가의 멱살을 잡으러 가는 것으로 비쳤으리라.

베블런은 이들과 완전히 달랐다. 그는 젠틀맨에게서 보이는 물질주의와 경제적 동기에 주목하지 않았다. 오히려 신사 양반이 흔들흔들 갖고 다니는 지팡이에서 문화적 의미를 끄집어냈다.

지팡이는 젠틀맨에게 '생산적 노동에 종사하지 않아도 되는 지위에 있으며, 아랫것들을 호령하고 일을 지시하는 데 쓰이는 위계질서'를 상징하는 기호였다. 베블런은 일상에서 관찰할 수 있었던 지팡이의 기호적 의미를 잡아냈다. 여기서 베블런은 부자들이 돈을 버는 이유는 자본축적을 위해서가 아니라 과시적 소비를 위한 것이란 단서를 끌어낸다.

『유한계급론』은 지팡이, 귀부인의 호사스러운 옷, 하인의 제복, 종교행사 등에서 기호론적 의미를 이끌어내는 소비상징의 해석학이다. 그것은 현대 하이퍼자본주의(hyper capitalism)와 소비사회의 상징성을 분석했던 보드리야르J. Baudrilliard로 이어진다. 포스트모더니즘의 시대에서는 상품과 재화의 실체는 사라지고 기호소비와 이미지가 난무한다. 우리는 자동차의 실체를 구입하는 것이 아니라 '캐딜락'이나 '체어

맨' 같은 기호를 소비할 뿐이다.

보드리야르는 저작 『소비의 사회: 그 신화와 구조』 서문에서 이렇게 밝힌다.

> 이 책은 의심할 바 없이 …… 베블런의 『유한계급론』 또는 데이비드 리스먼의 『고독한 군중』과 같은 저작들의 계열 속에 자리를 잡고 있다 …… 세탁기는 도구로 사용되는 것과 함께 행복, 위세 등의 요소로서의 역할도 한다. 후자야말로 소비의 고유한 영역이다.

소비활동은 자신을 남과 분류하고 사회적 차이화를 이루는 과정이다. 베블런의 과시적 소비는 프랑스의 사회학자 부르디외Pierre Bourdieu에 와서 남과 다르게 티를 내고자 하는 구별 짓기(distinction)로 개념의 폭이 넓어진다.

베블런의 경제학 방법론은 다윈의 진화론과 맞물려 경제적 동기를 훌쩍 뛰어넘는 문화적 의미 해석으로 다양한 변화의 세계를 포용할 수 있었다.

당시 미국사회는 거대한 투기, 약탈, 사기, 폭력 등으로 얼룩진 마피아 자본주의의 모습을 보이고 있었다. 베블런은 진화와 문화적 패러다임으로 충격적인 사회현실을 분석해 내고, 아무도 흉내 내지 못했던 상징과 문화적 의미론을 가지고 미국 자본주의를 깊게 탐색해 냈으니, 그렇게 탄생한 것이 바로『유한계급론』이다.

2장

유한계급을 배출했던
미국의 마피아
자본주의

자본가의 별명은 '강도귀족'

마르크스와 동시대를 살았던 혁명가 프루동P. Proudhon은 "재산이란 도둑질한 것"이라고 선언해서 충격을 주었지만, 이것을 개척기 미국사회에 대입해 보면 결코 허구적 발언은 아니었다.

유럽에서 건너온 백인들은 수천 년 동안 평화롭게 살고 있던 인디언의 촌락을 파괴하고 무자비한 살육으로 광대한 미국의 땅을 하나씩 점령해 갔다. 메이플라워호를 타고 미국에 상륙했던 청교도의 신앙과 복음은 약탈과 파괴를 위한 명분을 제공하였다.

"자유와 문명과 종교의 축복을 받은 청교도인이 서부로 전진하는 데 방해가 되는 것을 제거하기 위해 숲 속에 사는

야만인들에게서 숲과 강을 빼앗는 것은 당연한 일이었다."(미국 7대 대통령 앤드류 잭슨)

약탈과 폭력으로 얼룩진 아메리칸 드림의 시대

미국의 자본주의는 풍요로운 땅과 광대한 대륙에서 약탈과 폭력으로 아메리칸 드림을 실현시켜 나갔다. 유럽 중세의 봉건적 질서도 없는 자유스러운 곳에서 힘 있고 능력만 있으면 누구든 상승욕구를 마음껏 불태울 수 있었다. 전통적인 귀족의 노블레스 오블리주가 갖는 최소한의 윤리적 규범도 존재하지 않는 신대륙이 바로 아메리카 땅이었다.

미국자본주의는 남북전쟁을 거쳐 미국 전역에 대륙횡단철도가 완성되는 과정에서 베블런이 꼬집는 폭력과 술책이 만연하는 약탈적 성격을 갖는다.

남북전쟁 이후에 북부의 기업가들은 정치적 세력들과 연합하여 공업 위주의 정책을 마음껏 펼쳤다. 1862년에 시작된 대륙횡단에서 이민자의 값싼 노동력을 활용하고 행정부의 특혜에 힘입어 미국철도의 70%가 독점재벌의 수중에 넘어갔다.

석유의 록펠러John D. Rockefeller, 철강의 카네기Andrew Carnegie, 금융의 모건J. P. Morgan, 철도의 밴더빌트W. K. Vanderbilt 등의 유명한 부자는 모두 거대한 법인기업과 독점지배로 거부를 쌓은 기업가들이다. 그중에서 대표적이었던 록펠러는 원래 청교도 집안에서 태어난 평범한 인물이었다. 그는 매일 회계장부를 쓰는 등 근면한 회사원이었지만 대규모의 유전이 발견되자 정유업에 과감하게 투자해 막대한 재산을 벌어들인다.

돈에 대한 록펠러의 집착은 이후에도 그칠 줄 몰랐다. 리베이트와 뇌물 증여 등 온갖 편법을 동원하여 석유산업의 동맥인 철도를 장악했고, 스탠더드 오일을 설립하여 전국의 정유회사를 하나씩 인수해 나갔다. 마침내 1899년에 스탠더드 오일 트러스트Standard Oil Trust를 출범시켜서 미국 전체 석유 공급량의 95%를 장악할 정도로 막강한 힘을 발휘하였다.

밴더빌트, 카네기, 록펠러 등은 악덕기업가의 전형

밴더빌트, 카네기, 록펠러 등의 거대 독점지배자들은 악덕기업가의 전형이었다. 정경유착으로 시장을 독점하고 온갖 술수를 동원하여 경쟁기업을 무자비하게 삼켰다. 19세기 중반의 부자들에 대한 사회적 원성을 미국의 역사가 조지프슨 M. Josephson은 '강도귀족(Robber Barons)의 시대'로 표현하였다.

한때 사회주의를 옹호하였던 슘페터J. A. Schumpeter는 저명한 경제학자답게 한술 더 떴다. 그는 『자본주의, 사회주의, 민주주의』란 책에서 밴더빌트, 카네기, 록펠러와 같은 거대

HISTORY REPEATS ITSELF — THE ROBBER BARONS OF THE MIDDLE AGES AND THE ROBBER BARONS OF TO-DAY.

트러스트와 독점을 일삼는 자본가는 자본주의 시대의 새로운 귀족 계급이 되었다.

한 독점체제는 중소규모의 기업과 소유권을 빼앗고 부르주아의 자본가 계급마저 수탈하여 마침내 자본주의를 모순에 빠뜨릴 것이라 말했다.

> 완전히 관료화된 거대한 산업단위는 중소 규모의 기업을 축출하고 그 소유자를 수탈할 뿐만 아니라 종국에 가서는 …… 계급으로서의 부르주아까지도 수탈하기에 이른다 …… 사회주의의 진정한 선도자는 사회주의를 권고하는 지식인이나 선동자가 아니다. 밴더빌트, 카네기, 록펠러의 족속들이다.

베블런의 눈에도 독점적인 지배 기업가는 더 이상 자본주의를 발전시키는 원동력이 아니었다. 제품생산을 의도적으로 제한하여 가격을 높이는 사보타주로 폭리를 취하는 난동꾼(saboteur)이었다. 기업의 우두머리는 마치 야만족의 추장처럼 무책임하고 죄의식도 없이 권력을 휘두르는 약탈자와도 같았다.

술수와 폭력, 독점의 횡포로 거대한 부를 쌓은 부유층들은 화려한 생활로 자신들을 과시하는 신흥귀족의 반열에 올랐지만, 그 이면에는 무자비한 힘에 짓눌리고, 인플레이션과 물가 인상, 임금과 농산물 가격의 하락으로 고통받는 농민과 노동자, 이민자들의 군상群像이 도사리고 있었다. 겉으로 화려해 보이는 미국 사회의 도금鍍金을 한 꺼풀만 벗겨 내면 빈부 격차의 어두운 그림자가 곧바로 드러났다.

어릴 적 누구나 한 번쯤 읽었음직한 『톰 소여의 모험』을 쓴 마크 트웨인Mark Twain은 1873년에 발표하였던 『도금시대Gilded Age』에서 화려한 사회의 이면에 담긴 타락과 위선을 풍자의 칼날로 해부하였다. 그 뒤부터 '도금시대(1870~1910)는 남북전쟁 이후 미국사회의 독점과 부패를 가리키는 대명사가 되었다.

문학작품은 쇼핑카트처럼 시대의 소재를 담아 내는 수레이기도 하다. 우리도 개발연대의 성장과정에서 드리워진 사회적 모순들이 많은 소설 속에 담겨 있다. 수업시간에 가끔 소개해 주는 황석영의 『객지』와 『삼포 가는 길』이나 한수산의 『부초』는 산업화에 밀려 고향을 잃고 떠돌아다니는 소외계층을 그린다. 조세희의 『난장이가 쏘아 올린 작은 공』 같은 작품은 폭력, 억압, 빈곤, 물질만능 속에서도 희망과 사랑을 쏘아 올린다.

부자들의 방탕한 생활과 사치스러운 소비행태

미국에서 피츠제럴드F. Scott Fitzgerald의 『위대한 개츠비』는 1920년대 향락적이고 사치스러웠던 재즈시대(the Jazz Age)의 화려한 생활과 욕망을 담은 작품으로 꼽힌다. 피츠제럴드는 여주인공 데이지의 아름다움을 좇다가 결국 파멸하는 개츠비의 모습에서 아메리칸 드림의 허상과 도덕적 타락을 보여 준다. 소설은 부자들의 방탕한 생활과 사치스러운 소비 행태를 눈에 잡힐 듯이 묘사해 낸다.

루이빌에서 처음 보는 성대한 결혼식이었어요. 신랑은 4대의 자가용에 1백 명이나 데리고 와서 멀바크 호텔을 송두리째 빌렸죠. 결혼식 전날에 그분은 350,000달러짜리 진주 목걸이를 그녀에게 주었어요 …… "나는 영국에다 사람을 하나 고용해 두고 내 옷을 사게 하고 있어요." 그는 와이셔츠 더미 하나를 들어내어 하나씩 우리 앞으로 던졌다. 투명한 린넬, 두터운 실크, 고급 플란넬 와이셔츠들이 하나하나 떨어질 때마다 접은 주름이 펴지며 다채로운 색깔로 테이블을 뒤덮었다 …… 개츠비가 **푸른 불빛**(the green light)에서 확신하였던 것은, 해가 갈수록 우리 앞에서 뒷걸음질치는 환락적인 미래였을 뿐이다.

개츠비와 같은 신흥 거부들은 영국의 모직물과 제품을 구입함으로써 자신에게 명문 귀족의 전통적 이미지를 덧붙이고자 하였다. 데이지 저택의 개인 부둣가에서 반짝이는 푸른 불빛은 약속과 희망, 새로운 삶을 의미하는 색깔이지만 동시에 그것은 그린 달러(미국의 화폐)와 오버랩되는 허망한 것이었다. 피츠제럴드는 미국의 유한계급을 세계에서 가장 천박하고, 가장 허위적이고, 가장 사악하며, 가계소득의 대부분을 낭비하고 파괴하고 속물스럽게 소비하는 계층으로 비난하였으니, 이 또한 베블런의 유한계급론과 과시적 소비에 지대한 빚을 지고 있음이다.[5]

이렇게 문학작품은 세태를 풍자하고 부르주아의 허위의식을 폭로하였으나, 당시 사회사상이나 주류경제학은 여전히 부자들을 옹호하고 정당화하기에 바빴다.

부자들을 찬미하는 시대

베블런의 『유한계급론』이 출현하기까지 미국의 경제학은 무뢰배와 같은 현실을 올바로 인식하지 못하고 있었다. 더구나 유럽 경제학의 사조를 맹목적으로 수입하고 있는 실정에서 제대로 된 경제학이 수립되기 어려웠다.

경제학자의 부자 옹호론: 부는 검약과 축적의 과정

미국의 경제학 교수들은 자신을 가르친 유럽선생들의 발자취를 따랐으며 아메리카의 현실을 맞지도 않는 틀에 억지로 끼워 넣었다.

그들은 돈을 놓고 벌이는 무자비하고 기괴한 게임판을 '검약과 축적'의 과정이라 묘사했다. 명백한 사기행각은 '사업'으로, 도금시대에 금빛으로 번쩍이는 호화판 생활은 정중하게 '소비'라 불렸다.[6] 물론 무디W. G. Moody와 같은 진보적 지식인은 실업가를 '재벌 노상강도'라고 비난했지만 학계의 경제학자는 기꺼이 기업총수의 시녀 역할을 자처하였다.

러플린J. L. Laughlin교수는 1884년 「노동자의 불평」이란 논문에서 "거대한 부는 희생, 능력 발휘, 기술에서만 나오며 …… 그렇게 능력껏 번 재물은 다른 사람들 눈치 볼 것도 없이 즐겨야 할 권리를 갖는다"며 노동조합은 파업과 보이콧 대신에 노동자의 자질을 키우는 데 전력해야 한다고 주장했다.[7]

경제학은 현재 존재하는 모든 것을 정당화하였다. 오늘의 악덕부자들도 자유와 경쟁을 통해 탄생한 것이며 애덤 스미스의 보이지 않는 손이 작용한 필연적 결과였다. 경제학은 여전히 자연법(natural law)과 뉴턴주의가 지배하고 있었다.

자연법은 자연적 존재질서를 핵심으로 한다. 여기서 인간과 사물 모두는 본래부터 신성神性을 지니고 있으며 자연스러운 경로를 통해 신의 계획과 의지를 구현한다. 어느 누구도 조화로운 질서와 균형, 궁극적 안정을 지향해 나가는 흐름을 방해해서는 안 된다. 인간은 자연적 욕구를 충족시킬 수 있도록 개인의 천부적 권리로서 신체의 자유, 경쟁의 자유를 보장하는 자연권을 갖는다. 자연권은 신이 인간에게 부여한 자기보존의 본능에서 비롯된다. 자기보존을 위해 인정되는 재산

소유권은 필연적으로 능력에 따라 불평등하게 나타날 수밖에 없다.

베블런의 경제학 스승이었던 존 베이츠 클라크J. B. Clark 는 『부의 분배』(1899)에서 "사회의 소득분배는 자연법(칙)에 따라 조정되어야 한다"며 기존의 재산권제도가 소득을 공정하게 분배한다고 보았다. 그의 저서 어디에도 독점의 횡포와 불평등한 지배구조를 비판하는 대목을 찾을 수 없다. 그는 모든 경제적 폭력과 사기를 순수경제학의 추상화 작업이란 이름 속으로 은폐시켰다.

스펜서의 사회적 다윈주의, 부자들의 환호성

경제학만 그런 것이 아니었다. 사회학에서 다윈의 적자생존은 사회에 조잡하게 적용되어 강자의 옹호론으로 변질하였다. 베블런이 마땅히 거부하였던 스펜서Herbert Spencer의 사회적 다윈주의(Social Darwinism)는 약육강식과 정글의 법칙을 당연시하였으니 부자들에게는 성서의 계시와도 같은 복음이었다. 다윈의 진화 과정에 따라 부자를 자연적으로 선택된 존재로 보는 사회이론은 금전적으로 성공한 사람들을 죄악감에서 해방시켰다. 오히려 부자들이 자신을 생물학적 우성으로 확신하는 아이러니가 빚어졌다. 빈곤한 사람은 자연선택에서 아무리 참혹하게 도태되더라도 그것은 인류의 진보를 위한 필연적 산물이었다.

다윈의 진화 개념은 진보로 바뀌었고 환경에 적응하는 종種의 최적자(the fittest)의 생존은 최강자(the strongest)로 착각되었다. 한 걸음 더 나아가 스펜서의 제자 섬너W. G. Sumner는 부자의 소득을 거둬서 분배한다거나, 도태 대상이 되고 있는 빈곤층을 개선하는 국가 정책은 어떤 것이라도 반대하였다.

강단의 공식적 경제학자와 사회학자들은 폭력과 사기로 점철되고 흥청망청한 호화판 사치를 아메리칸 드림의 결과로 찬미하였다. 그들은 현실을 외면하는 추상화 작업에 분주한 가운데 현존재를 정당화하는 옹호론의 끈을 놓지 않았다.

경제학의 모국이었던 유럽 선생님을 버리고 자기만의 독특한 방법론으로 냉정하게 사태를 분석하는 진정한 미국경제학자가 요구되었다. 어쩌면 세상과 일정하게 거리를 두는 냉철한 시선, 고독하고 외로운 이방인의 눈이 필요했는지도 모른다.

3장

베블런의 고독과
지적 편력

영원한 이방인의 삶과 시선

　베블런은 생애 말년 「현대 유럽에서 유태인의 지적 우월성」(1919)이라는 짧은 글에서 자신의 삶을 이방인에 빗대기라도 한 듯한 논조로 쓸쓸히 기술하였다.[8]

　유태인 사상가들은 흔히 (모국이 아닌) 그가 태어난 고장의 관습에서 도저히 안정을 얻을 수 없었고, 그가 내던져진 이국 땅의 풍습에도 낯설어야만 했는데, 그러한 값비싼 희생의 대가로서 지적 재능을 선물 받았다. 유태인은 지적인 평온을 교란시키는 자가 되었고, 지평선 저 너머 어딘가로 편히 쉴 곳을 찾기 위해 길을 떠나는 지적인 도보 여행가이며, 무인고도를 찾아 헤매는 지적인 방랑자가 되었다. 유태인은 한 번도 편안하고 느긋한 자기만족의 상태를 경험하지 못한 채 늘 불안한 발자국을 재촉하는 이방인(alien)이었다.

가난한 노르웨이 이민자의 아들, 디아스포라의 방랑

베블런은 어디에서도 안식처를 얻지 못하고 영원히 떠돌아다녀야만 했던 방랑자, 고독한 디아스포라였으며 뛰어난 지적 재능으로 세상을 마음껏 풍자하였던 나그네였다.

베블런은 1857년 미국 동북부의 노르웨이 개척지 농장에서 12명의 자녀 중 여섯째(넷째 아들)로 태어났다. 이보다 10년 전인 1847년에 베블런의 부모는 노르웨이를 떠나 유럽 이민자가 많았던 위스콘신으로 이주했던 터였다.

유럽에서 미국으로 이민을 온 사람 수는 1846년부터 급증하여 1820~1860년 동안에 506만여 명에 달했다. 그중에서도 아일랜드 출신이 39%로 가장 많았으며 스웨덴이나 노르웨이 등 스칸디나비아 지역은 2%로 제일 적었다. 이민 대열에 낀 다른 사람들과 마찬가지로 베블런의 집안도 딱한 사정으로 미국으로 건너왔다. 베블런의 부모는 노르웨이에서 거의 쫓겨나다시피 했다.[9] 수중에 아무것도 없는 베블런의 아버지는 위스콘신의 카토에서 40에이커의 토지 구입 비용을 마련하기 위해 1년 동안 혹독한 노동을 견뎌야 했다. 아버지 토머스 베블런Thomas Veblen은 과묵하고 엄격하긴 했지만 진취적 기상을 품고 있었으며 교육열이 높았다. 어머니 카리Kari는 활

위스콘신 카토에 있는 베블런 생가.

발하고 온화한 인품의 소유자였으며 종교적인 여인이었다.

베블런이 살던 마을은 이민자 농업공동체로서 커피나 설탕은 사치품일 정도로 모두가 검소하고 경건한 루터파 신자였다. 베블런의 부모는 밤낮으로 일하고 황무지도 개간하여 땅을 늘려 나가 1860년에 3천 달러로 평가되는 160에이커의 땅을 보유하게 되었다. 베블런의 나이 8살 때 그의 부모는 농장을 매각하고 미네소타로 이주하면서 250에이커의 토지를 구입하여 마침내 농업이민으로서 성공을 거뒀다. 그러나 이때 고리대이자를 물기 위해 땅을 팔아야 했고, 그때부터 투기꾼의 횡포, 엉터리 변호사, 사기꾼에 대한 증오가 가족의 전통 속에 박혔다.

베블런은 색다른 아이였다. 게을렀고, 집안 일을 돕는 대신 다락방을 뒹굴며 독서에 빠져 들었다. 그러한 베블런은 밭에서 불려 나와 짐마차를 탄 뒤에야 자신이 대학에 입학한다는 사실을 알았다. 그는 17살에 미네소타 근처에 위치한 칼턴Carleton 대학에 들어갔다. 이때 베블런은 촌락 공동체에서 노르웨이어만 사용했기 때문에 영어에 서툴렀다고 한다. 그의 전기를 방대하게 집대성한 도프먼Joseph Dorfman은 "차용

베블런의 부친 토머스 베블런.   베블런의 모친 카리.

한 언어(영어)로 자신을 잘 표현할 수 없어서 질문에는 대답
하지 않는 편이었다"[10]고 밝힌다. 하지만 도프먼이 언어장벽
을 지나치게 부각하여 베블런이 미국 내의 영어 문화권과 부
딪혔던 충격과 대인기피증을 강조하는 것은 여러 사실로 보
아 무리가 있어 보인다.[11]

우상파괴자이며 돈키호테와 같은 학창생활

칼턴 대학은 집안에서 베블런을 루터교 목사로 만들 작정
일 정도로 매우 종교적이었다. 그러나 베블런은 이단자였으
며 학교에서 골치 덩어리였다. 신을 모독하는 풍자적인 글을
썼으며 라틴어로 주신酒神을 칭송하는 시를 짓기도 했다. 베
블런은 우상 파괴자(Iconoclast)였으며 세상과 화해하지 못하
는 돈키호테와 같은 학창생활을 보냈으나 그만큼 자유분방

하게 사고의 폭을 넓히고 철학적 비판력을 키워 나갔다.

베블런은 마침내 한 여인을 만나게 된다. 훗날 그의 아내가 되는 대학총장의 조카 엘렌 롤프Ellen Rolfe이다. 하지만 베블런은 그녀와의 사랑을 가슴에 담은 채 칼턴 대학을 떠나게 된다. 칼턴 대학이 안도의 한숨을 쉬게 되었음은 물론이다. 하지만 베블런의 인생 역경과 좌절은 이때부터 본격적으로 시작된다.

베블런은 여기저기 일자리를 알아보다가 할 수 없이 1881년에 형 엔드루Andrew와 함께, 미국 최초의 대학원 과정을 만든 존스홉킨스 대학에 입학하였다. 그러나 장학금을 받지 못하자 다시 한 학기 만에 예일 대학으로 자리를 옮겼다. 이곳에서 베블런은 스펜서의 열렬한 지지자이자 사회적 다윈주의자인 섬너 밑에서 경제학과 사회학을 공부하고 진화론에 대해서도 개념을 가다듬었다. 게다가 좋은 스승이었던 철학자 포터Noah Porter교수를 만나서 칸트철학을 공부하였고 1884년에 박사학위 논문「인과응보설의 윤리적 근거」를 제출하였다.

아쉽게도 베블런의 학위논문은 남아 있지 않다. 다만 같은 해에 썼던 일반논문「칸트의 판단력 비판」[12]에서 조금은 내용을 유추할 수 있다. 이 글에서 베블런은 인간은 어떤 의도를 가지고 행동하는 능동적 주체(agent)이며 여기에 단순 경

베블런의 첫 부인 엘렌 롤프.　　　　베블런의 둘째 부인 앤 브래드리.

험을 넘어서는 (선험적) 판단력이 덧붙여져야 한다고 강조하여 훗날 경제학의 수동적 인간형을 비판하는 단서로 삼는다. 어찌 보면 경제학사에서 한획을 그었던 애덤 스미스, 마르크스, 베블런, 케인즈 등은 모두 폭넓게 철학을 전공하고 자신만의 관점과 방법론을 확립한 뒤에 경제학을 공부했으니 오늘날 우리 풍토에서 시사하는 바가 적지 않다.

　예일 대학에서 전 과목 A학점에다 박사학위까지 받은 베블런이었지만, 노르웨이 출신에다가 신이 있는지 없는지 회의하는 불가지론不可知論자가 보수적인 대학 세계에서 발붙일 자리는 없었다.

7년간 고향에서 빈둥거리며 온갖 책을 섭렵

　그는 객지에서 지쳤던 체력과 기운을 회복하고자 서부의

고향으로 돌아와서 결혼까지 해가며 7년을 머물렀다. 베블런은 식구들이 뜨거운 땡볕에서 일하는 동안 뒹굴거리며 세월을 보냈다. 어린 여동생과 가족은 농촌공동체의 소박함과 가족 사랑으로 베블런의 기묘한 생활을 인내로 감싸 주었다. 베블런은 학문적 글을 쓰며 소설, 시, 찬송가에 이르기까지 닥치는 대로 책을 읽었고, 물리학과 식물채집에도 흥미를 가졌다. 베블런은 게으르게 빈둥거리는 시간 속에서 자신이 알고 싶은 온갖 잡동사니를 충족시켰다. 이 경험을 바탕으로 베블런은 인간이 나태한 지적 호기심(idle curiosity)의 본능을 갖는다는 견해를 추출해 낸다.

베블런은 당시 중서부 지방을 휩쓸고 있었던 급진적 농민 운동에도 많은 관심을 보였다. 베블런 부부는 막 출판되어 선풍을 일으키고 있던 벨러미E. Bellamy의 『뒤를 돌아보며 *Looking Backward*』(1888)를 읽었다. 자본주의 모순을 고발하고 점진적 산업국유화 운동으로 사회주의적 유토피아를 주장한 책이었다. 부인 엘렌 롤프는 "이 책은 깊은 감명을 주었고 우리 생애에 전환점이 되었다"[13]라고 회고한다. 이렇게 베블런은 경제학 공부에 깊이 빠져 들었다.

베블런은 1891년 다시 동부로 되돌아갔고 코넬 대학의 경제학부 러플린 교수에게 강한 인상을 심어주어 특별연구생으로 채용되었다. 베블런은 이듬해에 시카고 대학에서 최초로 직장을 잡았다. 시카고 대학은 베블런이 해부하려고 맘먹은 자본주의 사회가 기묘하게 반영된 곳이었다. 그곳 학생들이 잘 부르는 노래가 있었다. "존 D. 록펠러/ 놀라운 사람이다, 그는/ 쓰다 남은 잔돈을/ 시카고 대학에 주었네."

강의내용이나 연애에서 관습 파괴적 행동을 일삼은 베블런은 시카고 대학에서 푸대접을 받아 승진은 더뎠지만, 많은 동료를 얻었고 훌륭한 지적 환경 속에서 마음껏 집필활동을 하였다. 막강한 재력에 힘입어 대학 도서관은 훌륭했다. 그는 최초로 빛의 속도를 측정하게 되는 마이컬슨A. Michelson, 생리학자 자크 러브Jacques Loeb, 군집 생태학을 연구하는 로이드 모건Lloyd Morgan, 북아메리카 인디언의 언어와 문학을 연구하는 인류학자 보아스F. Boas 등과 지적 교류도 활발히 하였다.

"저기 26개 언어를 구사하는 베블런이 지나간다!"

베블런은 주목받았고 방대한 지식으로 명성을 얻었다. 한 학생은 "저기 26개 언어를 구사하는 베블런이 지나간다"라고 말하기도 했다. 정확히는 24개 국어를 마스터했다는데, 노르웨이어와 영어 외에 독일어, 불어, 이탈리아어, 스페인어, 네덜란드어, 그리스어, 라틴어, 아이슬란드어와 범어梵語 등은 독학으로 익혔다. 게다가 철학, 문화인류학, 민속학, 사회학,

생물학, 골상학에도 해박한 지식을 갖췄기에, 그의 영향을 받은 갤브레이스J. K. Galbraith의 말대로 "베블런을 이해하기 위해서는 천천히 읽어야만 할 정도였다."

1899년에 출간된 『유한계급론』은 온갖 풍상을 겪고 숙성한 와인처럼 천천히 음미해야 할 첫 번째 작품이었다. 그때 베블런은 42살로 불혹을 조금 넘겼다. 최초 저술은 전통적 우상을 파괴하고, 폭넓은 지식과 1천 개가 넘는 사례로 미국 사회를 날카롭게 해부하여 일대 센세이션을 일으켰다.

돈 많은 부자들을 동상에서 끌어내리고 유한계급을 야만인의 계보에서 추적하여 미국의 약탈 자본주의를 보여주었던 『유한계급론』은 베블런에게 명성을 안겨 주었고, 풍자와 신랄한 문명비평으로 독특한 경제학자라는 이미지도 함께 선물하였다.

거대한 사상가, 독특한 경제학자

격렬하게 부자들을 맹공한 『유한계급론』은 다양한 평가를 받았다. 그중에서 『파워 엘리트』의 저자 밀스C. W. Mills는 "그 책 덕분에 우리들은 대중소비사회가 도래하고 주식회사의 거대한 비즈니스(big business)가 확립되는 현대사회의 새로운 특질을 비로소 이해할 수 있었다"라며 베블런의 통찰력을 높이 샀다. 사회학자 멈퍼드Lewis Mumford는 "베블런은 우리의 경제적 질서에 내재한 사회적 모순을 마르크스 이후 가장 선구적으로 분석한 학자였다"며 그를 미국의 마르크스에 비견하였다.

베블런의 독특한 저작, 아메리카 독점자본주의를 최초로 비판

베블런은 1904년 『영리기업의 이론』을 출간해서 더욱 유명세를 탔다. 이 책은 아메리카 독점자본주의와 금융자본 시스템을 최초로 비판한 걸작으로 평가받는다. 이 책에서 영리 추구만을 목표로 삼는 기업가는 온갖 방법을 동원해서 자본주의 시스템을 자기 입맛에 맞게 만드는 존재로 그려진다.

기술자(engineer)는 제품을 효율적으로 생산하는 객관적인 기계과정(machine process) 속에서 삶의 보람과 긍지를 느낀다. 이에 반해 기업가는 기술자를 영리기업의 조직으로 지배하고 상품생산의 흐름을 왜곡시켜서 이윤을 극대화해 가는 존재이다. 게다가 기업가는 금융구조를 교란시키거나, 엄청난 광고 마케팅 비용으로 낭비를 제도화시켜 지속적으로 영리를 추구한다. 이 과정이 바로 베블런이 바라본 자본주의였다.

> 영리기업의 동기는 금전적 이득과 부의 축적에 있다 …… 소유와 지배를 집중화하여 최대이윤을 획득할 수 있는 환경을 조성하며 …… 인간의 노력을 잘못된 방향으로 인도하고 재화와 서비스를 낭비하도록 하여 …… 상품판매를 지속적으로 확장시켜 나간다.[14]

베블런의 집필은 활발하게 이뤄졌지만 앞의 저술을 좀 더

구체화하는 방향으로 나갔을 뿐이다. 기억에 의존하여 단기간에 썼던 『제작본능론』(1914)은 문화발전의 원동력을 기술진보에서 찾고 있다. 베블런은 『제정독일과 산업혁명』(1915)에서 독일의 군국주의를 비판하였고, 『기술자와 가격체계』(1921) 및 『부재소유권과 영리기업』(1923)에서는 기술자들이 수탈적인 영리기업의 혼란을 제거하고 생산기계의 원리에 따라 사회질서를 정비해야 한다는 메시지를 담아 놓았다.

또 1918년에 출간한 『미국의 고등교육』에서는 대학의 이사회가 지배하는 기업경영과 금전적 원리를 강력히 비판하였다. 학자란 원래 실용성과 무관하게 지적 호기심(idle curiosity)으로 연구를 추진하고 뭔가 끊임없이 만들고 싶어하는 제작본능(workmanship instinct)을 충족시킴으로써 사회에 봉사하게 된다. 그런데도 베블런이 시카고 대학에서 느꼈던 기업경영의 원리는 이를 왜곡하고 지식의 무한한 충족을 방해하는 것이었다.

베블런의 이분법, 성과 속에서 이어지는 산업(industry)과 영리기업(business)

베블런은 성聖과 속俗의 이원론으로 세상을 바라보았다. 그는 항상 노르웨이인 촌락공동체에서 성실하게 일하고 신에게 감사하는 아버지와 어머니, 빈둥빈둥 놀기만 하고 게으름 피우는 자신을 따뜻하게 감싸주었던 형제들에게게서 가슴 속 깊은 곳에서 우러나오는 성스러움(the sacred)을 느꼈다.

노르웨이인의 노동에 대한 공감은 '산업(industry)'이라는 플러스 개념을 생성해 냈다. 베블런은 근면 성실한 노동으로 집안을 일으키려는 부모에게서 어버이 본능(paternal instincts)을 보았다. 전통적 농업방식의 후퇴를 방관하지 않고 새로운 농기계로 대체하는 아버지의 진취적 정신은 베블런에게서 객관적인 합리성을 구현하는 기계과정과 공동체 집단의 발전을 위해 사물을 개선하려는 제작본능의 지지로 이어졌다. 반면에 약탈적이고 화려한 도시의 문명세계는 부자들의 과시적 소비행태를 비판하는 것으로 나타났다.

베블런의 이원론적 개념은 결국 '산업'과 '영리기업'으로 집약된다. 베블런의 특징인 산업과 영리기업은 이분법적으로 서로 대립한다.

마르크스는 산업(노동자)과 영리기업(자본가)이라는 대립적 이항二項의 자본주의 모순을 헤겔적인 정반합의 변증법에 따라 해소시키고 새로운 종합명제로 끌어올린다. 말하자면 노동자와 자본가가 대립하는 자본주의는 자체 모순으로 붕괴하고 사회주의로 한 단계 고양高揚된다는 것이다. 여기서 베블런의 산업/영리기업은 본질적으로 성격이 다르지만 마르크스의 노동/자본의 이분법과 대칭관계에 있음은 분명하다.

베블런 특유의 변증법, 헤겔과 마르크스의 한계

베블런은 마르크스처럼 역사가 일정한 목적을 향해 진행한다는 낙관론을 부정하였다. 베블런은 헤겔과 마르크스에게 영향을 받고 주체적 인간의 능동성과 변화의 개념을 받아들였지만 단일한 목적론의 결정론적 변증법은 버렸다. 베블런의 변화는 방향성을 갖지 않는 '머리가 잘린, 비결정론적 변증법(a truncated, nondeterminist dialectic)'[15]이었다. 내재적 모순을 간직한 자본주의 사회는 진보하거나 퇴행할 수 있으며, 사회주의든 파시즘이든 어디로 향할지도 알 수 없고, 현재의 산업과 영리의 모순이 무한히 지속될지도 모를 일이었다.

베블런은 헤겔과 마르크스의 철학에서 지적 세례를 받았으며 스펜서와 다윈에게서 진화론적 접근방식을 배웠다. 스펜서와 다윈의 진화론은 형식주의(formalism)에 대한 비판의 근거를 제공하였다. 형식주의는 논리와 추상, 환원에 지나치게 의존하여 사회적 삶이 갖는 풍부하고 역동적이며 살아 있는 흐름을 파악할 수 없었다. 예를 들어, 환원주의(reductionism)는 얼음과 수증기를 모두 물과 똑같이 취급하여 H_2O라는 분자구조로 환원시켜 버린다. 수증기의 역동성과 흐름은 간과되고 단순히 물의 변종으로 취급될 뿐이다.

듀이의 프래그머티즘, 경험과 지식은 인간과 환경의 적응도구

베블런은 제도를 설명하는 데 인간의 역할을 분석하기 위해서 습관과 본능의 개념을 사용하였다. 인간행동은 본능과 환경의 상호작용에서 형성된 습관과 문화적 영역에서 전개되는 것이었다.

능동적 인간행동과 지식의 상대주의를 중시했던 베블런은 시카고 대학의 동료였던 듀이J. Dewey의 프래그머티즘에서도 많은 영향을 받았다.

듀이는 행동주의 철학자 퍼스C. S. Pierce, 기능적 심리학의 창시자 제임스W. James, 이 두 사람의 사상을 발전시켜 미국에 지적혁명을 가져왔다. 듀이는 경험과 지식의 개념을 새롭게 해석한다. 촛불을 손에 가까이 대면 우리는 황급히 움츠린다. 당시의 심리학은 인간이 외부자극에 어떻게 반작용하는가를 설명하기에 급급했지만 다윈의 진화론을 중시하는 듀이의 생각은 달랐다. 신경체계는 뜨거운 자극에 반응하는 단순한 기계장치가 아니었다. 오히려 적응하는 기능의 체계였다. 좋은 자극은 여러 차례 반복되는 과정을 거쳐서 인간에게 호의적인 경험으로 채택된다. 촛불에 데는 뜨거운 자극은 회피의 대상이 된다.

인간 유기체는 환경의 자극에 단순히 반응하는 피동적 존재가 아니다. 끊임없이 환경에 적응하고 상호작용하면서 경험과 지식을 얻고 자신을 늘 새롭게 만들어 가는 능동적 존재이다. 적응에 도움이 되지 못하는 경험과 지식은 행동과 실천(Pragma, 프라그마)을 통해 항상 검토와 수정을 거치게 된다.

베블런은 당시 경제학의 인간형을 쾌락과 고통에 단순히 반응하는 피동적 존재라고 비판했다. 이를 겨냥했던 여러 칼날은 프래그머티즘의 칼집에서도 뽑은 것이다.

하지만 베블런은 그답게도 프래그머티즘에 전적으로 찬사를 보내진 않았다. 그는 지식의 유용성(use)만을 강조하는 대학과 기업인의 지식 도구주의는 강하게 비난하였다. 물론 숙련된 기술자의 프래그머티즘에는 협력적이었다. 기술자는 지식을 유용하게 전환하여 생산을 최대한도로 늘리겠지만 기업인이란 틀림없이 개인적 이득에 쓸 것이란 생각에서였다.

세상과 싸우기 위해 일정한 거리두기: 괴팍함, 용기, 고독

세상의 부조리와 싸우기 위해서는 강한 용기도 필요했지만 칼날의 길이만큼이나 상대방과 일정한 거리를 두는 것도 필요했다. 그는 괴팍한 성격과 특이한 방식으로 자신을 고독 속으로 몰아넣었다.

1906년은 베블런이 시카고 대학에서 보낸 마지막 해였다. 해외에서도 유명해지기 시작하여 노르웨이 국왕이 참석하는 연회에 초대받기도 했다. 그는 『유한계급론』으로 시카고 대학을 유명하게 만들었지만 특이한 행실과 악명으로 대학을 떠나야만 했다. 새로운 대학에서 자리를 찾기란 쉽지 않았다. 대단한 학식, 남의 접근을 불허하는 개성, 여성편력에 관한 소문이 이미 퍼진 터였다. 베블런은 상류사회의 허위의식을 폭로하고 조롱이나 하듯이 자신의 여성문제를 굳이 숨기려 하지 않았다.

과학지식에 대한 베블런의 문화적 상대주의에 공감을 표하고 그를 가장 위대한 경제학자로 격찬했던 천재 물리학자 아인슈타인[16]도, 사후 50년이 지나 최근에 공개된 1,400여 통의 편지에 따르면 6명의 연인을 두고 있었다고 한다.

세월이 흐른 지금에 와서 아인슈타인과 베블런에게서 보이는 천재들의 로맨스를 구태여 평가까지 할 필요는 없을 것이다. 다만 베블런의 스스럼없는 로맨스가 자신을 세상 궁벽(窮僻)으로 도피시키려는 자학적 증세와 결부되지 않았을까 하는 추측을 해 볼 뿐이다. 어쨌든 이 때문에 베블런의 가정생활은 순탄치 못했고, 이는 불안한 신분으로 대학사회를 떠돌아다니게 만드는 계기가 되었다.

1911년에 베블런은 부인과 이혼하고 미주리 대학으로 자리를 옮겼다. 친구이자 유명한 경제학자의 집에서 기거하게 된 베블런은 골방에 틀어박혀 집필에 몰두하는 고독하고 특이한 사람이 되었다.

모든 일들이 풀리지 않았다. 유명인사들과 함께 새롭게 창설된 뉴스쿨 대학(New School for Social Research)의 강사로 초빙되었으나 강의실에서 여전히 혼자 중얼거리는 사람이었다. 처음에 넘치던 수강생들도 얼마 지나지 않아 몇

1920년의 베블런 모습. 뉴욕의 뉴스쿨 대학 시절.

명으로 줄어들었다. 명성과 실패가 기묘하게 혼합되었고 옛 제자들의 뒷바라지를 받아 생활을 해결했다. 뒤늦게 미국경제학회장직의 수락을 요청받았으나 "내가 정작 필요할 땐 그 자리를 제안하지 않았다"며 거절하였다.

베블런의 제자들: 코먼스, 미첼, 에어즈, 밀스, 갤브레이스

고독했고 힘들었던 베블런의 삶이었지만 제자들은 베블런의 방대한 사상에서 필요한 개념을 계승하거나 비판적으로 섭취하여 명성을 떨쳤다. 베블런의 제도학파 경제학을 잇는 대표적인 제자로 코먼스J. R. Commons, 미첼W. C. Mitchell, 에어즈C. E. Ayres가 꼽힌다.

코먼스와 미첼의 방법론은 베블런과 현격한 차이를 보인

다. 베블런이 제도를 습관화된 사고와 문화적 상징체계로 보는 데 비해서, 코먼스와 미첼은 그것을 심리학적이며 비과학적인 것이라 비판하고 보다 형식적 차원에서 제도를 다룬다. 그들은 제도를 집단 활동의 규칙으로 규정하여 법적인 것까지 포용하거나, 실제의 경제제도를 직접 분석하는 방법으로 자신의 경제학을 밀고 나갔다. 이에 반해 에어즈는 문화적 차원에서 인간행동을 계속 설명하려 했다는 점에서 베블런의 진정한 후계자로 인정받고 있다.

베블런을 창시자로 하는 제도학파 경제학은 제도 연구에 다양한 자극을 주었다. 2차 세계대전 이후에는 신제도학파(institutional economics)가 형성되었고, 신고전학파의 방법론과 결합하는 신제도주의 경제학(New Institutional Economics)이 현대 경제학을 분석하는 지배적 패러다임으로 위세를 떨치고 있다.

베블런의 제자인 사회학자 밀스C. W. Mills는 『파워 엘리트』에서 "유명인사들은 상품소비를 위해 유행을 전파하는 비생산적이고 비인간적인 기능을 수행하고 있다"고 통렬히 비판하였다. 또 다른 제자인 갤브레이스는 베블런식의 농담과 냉소까지도 충실히 답습하였다. 그는 베블런처럼 현대자본주의를 충실히 대변하는 신고전학파 경제학자와 탐욕스러운 대기업을 조롱하였다. "기업이 수요에 맞춰 생산한다고?

잠 깨! 기업은 자기네들의 공급에 맞춰 수요를 주무르려 드는 거야!" 대기업은 필요하지도 않은 소비자의 욕구를 심리적으로 자극한다. 이런 소비자의 심리적 욕망은 유한계급의 과시적 소비나 전시효과를 부추기는 광고술에 의존하게 되는데, 갤브레이스는 이를 의존효과(dependence effect)라고 불렀다.

쓸쓸한 말년과 죽음, "나를 기억하지 말라!"

마침내 그는 서부의 캘리포니아로 쓸쓸히 돌아갔다. 작은 통나무집에 도착한 첫날을 전기작가 도프먼은 이렇게 전하고 있다. 베블런은 이웃의 토지소유자가 자기 재산을 부당하게 빼앗았다고 생각했다.

> 그는 손도끼를 들더니 차례대로 창문을 부수었다. 광기와도 같은 둔탁한 격정, 육체적으로 게으른 인간이 분노 때문에 갑작스런 행동으로 뛰어들 때와 같은 격정을 억누르지 못하고 그 행위를 계속하였다.[17)]

베블런은 월든 호숫가에서 홀로 자연 속에 파묻혀 살았던 소로H. D. Thoreau처럼 문명과 담을 쌓고 은둔생활을 하였다. 그는 거친 작업복을 입었으며 주변의 잡초도 손 하나 대지 않고 그대로 두었다. 쥐와 스컹크가 발목 사이를 지나다녀

베블렌이 마지막 숨을 거두었던 집, 캘리포니아의 멘로파크.

도 개의치 않고 오두막 안을 서성였다.

뒤돌아보면 행복하거나 성공적이지도 않은 일생이었다. 일흔이 되어 더 이상 글을 쓸 수도 없었다. 베블렌은 1929년 8월 3일에 숨을 거뒀다. 자신이 어느 정도 예견했던 미국의 대공황이 터지기 몇 달 전이었다. 사인도 없이 연필로 쓴 유언장에는 다음과 같은 내용이 담겨 있었다.

내가 죽거든 어떤 종류의 의식이나 추도식도 없이 최대한 빨리 비용도 들이지 말고 화장해 주기 바란다. 재는 바다에 살짝 뿌려 주거나 아니면 바다로 흘러가는 적당한 냇물에 뿌리기 바란다. 나에 관한 추억이나 내 이름이나 나를 기리기 위해서 어떤 명칭이나 성격이 되었든, 비석, 석판, 비명碑銘, 초상, 기념패를 언제 어느 곳에서도 세우지 않길 바란다. 사망기사, 회고록, 초상화, 나의 전기, 내가 주고받은 편지들은 어느 것이든 인쇄되거나 발간되지 않길 바라며 또 복제한다든지 회람시키지 않길 바란다.[18]

애덤 스미스도 병상에서 자기가 죽으면 책 16권의 분량에 해당하는 원고를 없애도록 부탁했다. 그런데도 친구의 약속이 의심스러워 1790년 세상을 떠나기 1주일 전에 직접 눈앞에서 태우는 것을 보고 죽었다. 위대한 사상가의 유언은 애덤스미스처럼 확실히 해 놓지 않으면 늘 그렇듯이 쉽게 무시된다. 베블런을 회고하는 작업은 그의 사후 곧바로 시작되었다.

지금도 그는 현대자본주의를 분석하는 탁월한 패러다임의 출발점으로서 진화경제학, 복잡계 경제학, 행동경제학, 소비와 상징의 현대 자본주의에 이르기까지 거목의 그늘을 드리운다. 그런 베블런의 거대한 사상과 독특한 방법론은 『유한계급론』단 한 권의 책에 응축되어 있다고 봐도 좋다.

2부

『유한계급론』을 말한다

베블런은 미개시대 야만문화에서 유한계급의 계보를 구했다. 야만인은 약탈과 전리품을 명성의 기준으로 삼는다.

유한계급의 성공은 폭력과 술책으로 얼마나 많은 부를 축적하였느냐에 달려 있다. 재산을 갖고 있기만 해서는 아무런 소용이 없다. 명성획득을 위해 과시적으로 소비하고 낭비해야 한다.

유한계급은 일상생활에 유용한 생산노동을 경멸하는 것을 행위규범으로 삼는다. 그래서 모든 돈과 시간을 비생산적으로 소비하고 있음을 과시적 소비와 여가로 증명한다. 젠틀맨의 지팡이 또한 노동하지 않아도 되는 계층이며 권위를 상징하는 의미도구로 사용된다. 베블런은 경제학의 영역을 생산에서 소비문화로 전환시킴으로써 풍요로운 현대 자본주의를 분석하는 준거점을 제공하였다.

베블런의 사상과 방법론은 『유한계급론』 한 권에 응집되어 있다 해도 과언이 아니다. 내용 굽이굽이마다 오늘의 현실을 정확히 짚어내고 있으니, 고전의 위대함을 새삼 느끼게 한다.

유한계급은 어디서 기원하는가

오래전 고등학교 때 처음으로 제주도 여행길에 나섰다. 그때 보았던 폭포는 하얀 포말을 흩날리며 바다로 떨어지는 장엄한 관경을 연출하였다. 다시 위쪽으로 올라 산행을 하다가 가느다란 개울물을 발견하였으니 폭포로 흘러가는 물줄기였다.

나에게 폭포는 환상의 속임수로 기억된다. 나이아가라 폭포라도 끝까지 원줄기를 거슬러 올라가다 보면 그것이 별것이겠는가.

유한계급의 '제도'는 야만시대에서 출현

폭포의 흔적을 더듬듯이, 미셸 푸코M. Foucault와 같은 프랑스 철학자는 계보학(genealogy)의 방법론으로 현재 우리가 당연하게 받아들이고 있는 어떤 관습이나 제도들의 형성 과정을 거슬러 올라가 지층의 미세한 차이를 검토하여 새로운 해석을 내리거나 허위를 폭로한다.

베블런은 유한계급의 계보를 추적하러 야만시대로 거슬러 올라가는 산행을 시작한다. 일단 베블런은 기다란 시간의 능선 위에 4개의 목책木柵을 세워서 나름대로 역사를 단계적으로 구분하였다. 엄밀한 검증 끝에 세운 것이 아니라 조금은 애매하다. 그것은 대략 미개시대, 야만시대, 수공업시대, 기계생산시대로 나뉜다.

미개(savage)시대는 평화 애호적인 전원문화시대이며, 야만(barbarism)시대는 사유재산제도가 확립되고 전쟁이 자주 일어나며 서로 빼앗는 약탈사회이다.

미개시대는 생산력이 미약하고 공동체의 생존을 최우선으로 삼기 때문에 집단의 내부경쟁보다는 성실성, 평등과 연대감이 최고 가치로 등장한다. 생존하기 위해 노동을 해야만 하는 공동체 사회에서는 누구나 일을 했고, 무엇을 하든 천하게 생각하지 않았다.

경제를 움직이는 힘은 이윤과 손실에 대한 고려가 아니라 무엇을 만든다고(제작, workmanship) 하는 자연스러운 자부심과 다음세대를 배려하는 어버이(어버이의 본능, paternal instincts)와 같은 감정이었다. 공동체의 구성원은 매일 일상의 작업을 수행하면서 남보다 잘하려고 노력하였다(일종의 경쟁심). 따라서 노동 면제나 비생산적 여가는 존경받지 못하고 비난받았다.[1] 이러한 미개시대는 인류 진화의 최초 단계로서, 계급은 미분화 상태였다. 그것은 마르크스가 꿈꾸었던 일종의 원시 공산사회이며 루소Jean Jacques Rousseau와 로크J. Lock가 생각하던 행복한 자연 상태로서 그다지 오래 지속되지는 않는다.

경제의 희소성(scarcity)으로 생존 그 자체가 최대과제였던 미개시대에 집단 구성원들은 공동체적 연대감으로 서로 협동할 수밖에 없었다. 그렇지만 생산력의 증대로 경제가 풍요 (abundance)의 시대로 접어들자 상황은 달라진다. 경제의 잉여분을 둘러싸고 치열한 싸움을 벌이는 야만시대로 진입하기 때문이다.

야만사회는 비생산적 계급을 부양할 수 있을 정도로 넉넉한 생산력을 가졌다. 지배계층이 아무런 일을 하지 않고 잉여를 폭력과 술책으로 약탈하는 것 자체를 명예롭고 위엄 있는 행위로 여기는 심정적 태도(spiritual attitude)가 형성되었다. 유한계급의 씨앗이 배태되는 단계이다.

평화스러웠던 집단 구성원이 야만시대의 호전적 생활 '습관(habits)'에 점차 익숙해지면서 마침내 유한계급의 '제도

(institution)'가 출현하게 된다. 폭력과 약탈을 칭찬하는 야만 사회에서 종래의 인간의 땀과 노고가 미화될 수 없다는 것은 당연하다.

소유제도는 약탈문화의 산물

유한계급의 남성들은 폭력과 모략을 행사해서 적과 대형 사냥감에 위해를 가하는 약탈적 습관에 젖어 든다. 약탈과 폭력으로 획득한 공훈(exploit)은 집단 전체에서 존경과 미덕의 기준이 된다. 이에 근거하여 계층의 차별화 또는 서열화가 이뤄진다.

가치 있는 직업은 공훈을 세웠느냐의 여부에 따라 결정되었다. 공훈과 상관없는 일상의 생산 활동은 당연히 비천하며, 그런 활동에 종사하는 사람 또한 열등인간으로 추락하였다.

야만시대는 인간활동을 약탈과 전투능력, 즉 무용(prowess)을 가지고 평가하는 약탈문화를 특징으로 한다. 노동은 습관적으로 경시되고 때로 죄악으로 여겨지면서 상대적으로 유한계급이 성립하는 장치가 만들어지는데, 이것이 바로 약탈에 의한 사적 소유권의 성립이다.

베블런은 약탈문화의 사고습관이 소유권을 발생시키고 여기서 유한계급의 제도가 형성된다고 보았다. 집단 공동체에서 무용담을 자랑하는 영웅적 전사들이 포로와 여자, 약탈한 재물을 소유할 수 있도록 사회적 승인이 이뤄진다. 유한계급은 무용을 획득하고 특권(prerogative)으로서 소유권을 인정받게 되는 것이다.

소유권 제도의 출현은 평화 애호적 미개단계에서 야만시대의 약탈습관으로 이행하는 초기단계에서 이뤄진다. 미개시대의 생산적 작업(industry)과는 확연히 다른 공훈, 강제(coercion), 약탈(seizure)이 지배적 생활습관으로 자리 잡으면서 소유권 제도가 비로소 나타났다.[2]

약탈문화에서 발생하는 베블런의 소유권 개념은 사적 소유가 개인의 창조적 노력이나 생산적 노동에 근거한다는 경제학의 전제를 완전히 뒤엎는 것이었다.

미국의 약탈 자본주의 시대에 경제학은 부자들의 재산도 모두가 그들의 땀과 노력에 의해 이뤄진 것으로 이론화하였다. 덕택에 경제학이 순진하게도 약탈과 폭력으로 얼룩진 미국의 록펠러와 모건의 재산까지도 옹호하는 강자의 대변인 노릇을 자임하게 되었던 것을 우리는 이미 살펴보았다.

베블런은 소유권의 발생론적 기원을 통해서 자본가의 사적 소유권에 내재한 허구성과 경제학의 시대적 모순을 폭로할 수 있었다.

애니미즘의 야만인 관점 = 유한계급의 관점

약탈적 사고습관이 지배하고 공훈과 무용을 인간행위의 기준으로 삼았던 야만문화에서 유한계급 '제도'가 출현하였다. 약탈을 용인하는 사고습관은 야만문화를 형성하며 관습화된 상징체계로서 인간행위와 사고방식에 지속적인 영향을 미친다. 그러한 야만문화의 패러다임은 세계를 달리 해석하고 어떤 사실을 습관적으로 구별하던 관점도 달라지게 만든다.

이런 사례를 들어 볼 수도 있다. 가축을 키우는 떠돌이 유목민은 모든 풀을 귀중하게 생각한다. 그러다 농경정착시대가 되면 관점도 바뀌어서 경작에 도움이 되지 않는 풀은 잡초로 규정하여 제거하게 된다.

애니미즘을 믿는 야만인의 관점은 자신을 둘러싼 세계를 생기 있는 것(animate)과 생기가 없는 불활성不活性(inert)으로 구분한다. '생기 있는 것'은 살아 있는 생명체와 완전히 별개이다. 생기 있는 것은 천둥, 번개, 폭풍우, 질병, 두려움을 주는 사물들이며, 과일이나 초목, 쥐, 양과 같이 사람들의 눈에 별로 뜨이지 않는 존재는 생기 없는 불활성으로 분류된다.

생기 있는 것을 다루는 인간은 생기 없는 것을 취급하는 사람보다도 훨씬 뛰어난 정신과 수완이 요구되며 공포와 두려움도 이겨 내야 한다고 생각했다. 그래서 생기 없는 일은 근면 성실이 중요시되고 여자들이나 종사하는 생산활동으로서 불명예스러운 것으로 여겨졌다. 반면 생기 있는 일은 용맹스럽고 명예로운 것으로 간주된다. 이러한 야만인의 사고습관과 관점이 자본주의 사회에도 무분별하고 지각없는 사람들에게 남아 있다고 베블런은 말한다.

그들이 바로 현대의 유한계급이다. 유한계급은 아직도 폭력과 술책, 용맹성을 과시하는 노력을 명예로운 일로 간주하고 생산 활동을 하는 산업(industry)에 대해서는 경멸하는 사고습관과 선입견을 유전인자처럼 지니고 있다.

영리기업(business)의 유한계급은 생산 활동을 지배하고 조종하면서 어떻게든 이윤을 최대로 끌어올리려는 수완과 술책을 자질로 삼고 있으며, 야만인처럼 애니미즘의 잔재를 아직도 지니고 있어서 도박, 경마, 행운, 스포츠 등에 열광하게 된다.

베블런은 자본주의 사회를 사고습관과 관점에 따라 '산업'과 '영리기업'이라는 이분법으로 구분한다. 극단적인 비유를 들어 두 사람이 다리를 건너다 똑같이 넘어졌다고 하자. 산업의 엔지니어는 "도대체 무엇이 문제인가?"를 과학적, 합리적인 정신태도로 검토하고 다리를 수리하겠지만, 영리기업의 유한계급은 "오늘 재수가 없는 날인가보다"라고 여겨 점쟁이를 찾아갈지도 모를 일이다.

베블런은 자본주의 사회를 산업과 영리기업의 이분법으

로 도식화하는 한계점을 갖고 있다. 현대에는 많은 엔지니어 출신들이 기업을 창업하거나 주도한다. 일단『유한계급론』은 영리기업의 유한계급에 내재한 속성인 약탈, 공훈, 무용, 애니미즘의 사고습관을 인류학의 야만문화에서 찾아내 일관되게 밀고 나간다.

노동은 귀찮고 싫은 것, 모두가 회피하고 싶어 한다

마르크스의 자본가 계급은 노동자와 대립적 관계에 있지만, 베블런의 유한계급은 한술 더 떠서 노동이라는 생활양식 그 자체를 혐오한다. 유한계급은 노동에 진저리를 낸다. 행여 노동자의 땀방울이 자신의 몸에 튈까 봐 손사래를 친다.

베블런의 주장은 독특하다. 사람들은 '노동이 생산한 재화'는 원하지만 '재화를 생산하는 노동'은 회피하려는 욕구원리에 따라 행동한다. 일하지 않고 재화를 무제한적으로 소비할 수 있는 상태는 대중들의 경제적 이상향이다. 사람들은 생활수단을 공급해 주는 노동행위와 유용한 노력(useful effort)에 본능적으로 반감을 나타낸다. 노동(work)이 귀찮다(irksome)는 것이 하나의 경제이론으로서 널리 받아들여지고 있다.[3]

한국의 학부모들은 왜 그렇게 자녀들을 좋은 대학에 보내려고 기를 쓸까? 내 자식만큼은 어떻게든 노동을 회피하고 유한계급의 부르주아적 대열에 진입하길 바라기 때문이니,

'노동이 귀찮다'는 것은 이미 일반 상식의 원리가 되었다.

노동에 종사하지 않고 재화를 소비하는 삶이 바로 유한계급의 생활 패턴이며, 사람들이 누구나 이상향으로 삼고 싶은 삶의 양식이다. 유한계급은 겉으로 노동은 신성하다고 찬양하지만 내심으론 생산 활동을 비천한 것으로 경멸하며 일하지 않고 소비하는 생활을 즐긴다. 그뿐인가, 자신은 일하지 않아도 소비생활을 넉넉히 즐길 수 있다는 과시적 행태를 서슴지 않는다.

이런 모습을 단적으로 보여주는 예가 있다. 예전에 국제적으로 사기행각을 펴던 홍콩인이 캐나다로 도망간 일이 있었다. 그는 먼저 은행에서 허위로 계좌를 개설한 다음에 몇 개월 동안 왼쪽 손톱을 기르고 다듬는 데 온갖 정성을 쏟았다. 왼쪽 손톱이 길다는 것은 자신이 일을 하지 않아도 되며 돈 많은 사업가로서 유한계층이라는 것을 상징하기 때문이다. 그 뒤로 왼쪽 손톱이 긴 홍콩 사기꾼은 캐나다 사회에서 돈 많은 금리생활자로 행세할 수 있었다. 베블런은 바로 이런 과시적 행태의 문화적 상징행위에 주목하는 경제학자이다.

당시 노동은 귀찮은 것이라는 베블런의 도발적 선언은 프로테스탄티즘의 경건주의 뿌리가 잔존하고 있던 아메리카에 충격을 주었다.

프로테스탄티즘에서 노동은 신성하며 깊은 신앙심의 발로

였고 어쩌면 하나님과 의사소통을 할 수 있는 영적체험의 매개행위이기도 했다. 그러한 청교도적 노동의 이미지를 완전히 뒤엎어서 '귀찮거나 싫은 것'으로 규정하고 '무노동 소비 인간형'이 상식적 윤리이며 이상형(the common-sense ideal)이라고 한 베블런의 도전적 발언은 전율할 만한 패러독스였다.

제작본능과 금전적 경쟁

진화론의 키워드는 적응, 생존, 경쟁이다. 종은 외부 환경 변화에 적응해서 도태당하지 않고 살아남기 위해 치열한 경쟁을 벌인다.

경쟁심은 인간을 비롯한 모든 동식물이 진화과정에서 살아남기 위해 공통적으로 갖는 본능이다. 간단하게는 수컷이 암컷을 놓고 치열한 경쟁을 벌이는 것에서도 확인된다. 최종적으로 승리한 수컷은 위계질서의 원동력이 되며 우수한 유전인자를 번식하는 계기 속에서 집단의 지속적인 생존을 보장하게 된다. 동물과 인간의 경쟁심에는 차이가 있을 것이다. 확실한 차이는 인간이 공동체의 생존과 번영을 위해 생산하고 창조하는 본능을 지녔다는 데 있다.

베블런은 『유한계급론』에서 인간의 심성을 구성하는 두 개의 본능을 언급했다. 하나는 경쟁심(emulation)이며, 다른 하나는 인간에게만 있는 특유한 제작본능(instinct of workmanship)이다. 물론 인간의 경쟁은 동물에서는 결코 볼 수 없는 화폐 금력을 매개로 한다는 점에서 '금전적 경쟁'은 절대적인 차이가 되는 것이다. 이런 두 개의 본능이 서로 엉켜서 시대별로 어떻게 발현되느냐에 따라 여러 제도적 색깔이 드러난다.

인간은 목적 속에 자기를 실현하는 능동적 주체

본격적인 논의에 앞서 경제학 교과서에서 나타나는 피동적 인간 유형을 살펴봐야겠다. 아무래도 경제학개론의 한계효용이론을 빌려야 더욱 설득력 있을 것 같다.

한계효용(marginal utility: MU)은 예를 들어, 김밥을 한 개씩 먹을 때마다 추가적으로 얻는 효용을 말한다. 처음 김밥 한 줄을 먹을 때 느끼는 효용이 10이라고 하면, 두 번째 줄을 먹을 때는 12이고 점차 효용이 올라가다가 어느 시점부터는 배가 부르고 김밥이 질리다 보니까 효용은 다시 10, 8, 7…… 등으로 떨어질 것이다. 한계효용은 어떤 재화를 소비할 때마다 그때그때 주관적으로 느끼는 총효용의 변화분을 말한다.

총효용이 최고로 올라가는 지점을 포화점이라고 한다. 그 이후부터는 김밥을 먹는 것 자체가 고통이 된다. 포화점은 총 효용이 극대화되는 지점이며 이때 김밥 소비를 멈추고 힘들게 벌었던 돈을 가격으로 지불하면 매우 합리적인 경제인의 사명을 끝내게 된다. 여기서 인간이란 김밥을 먹는 피동적(inert) 존재로서 효용(쾌락)과 비효용(disutility, 고통)만을 느끼는 측정기일 뿐이다. 베블런은 이를 비판하고 인간을 적극적 관점에서 파악한다.

인간은 단순하게 외부환경의 힘에 반응해가며 포화점에 도달하는 욕망덩어리가 아니다. 끝없이 전개되는(unfolding) 행동 속에서 자기를 실현하고 표출하려는 습관과 성향을 일관되게 갖춘 체계(structure)이다.[4] 베블런의 진화경제학에서 인간은 환경 변화에 적응해서 도태되지 않고 생존하기 위해 필연적으로 능동적이어야 한다.

인간 유기체는 종의 보존을 확보하고자 외부환경의 변화에 대응하여 적극적으로 행동할 수밖에 없다. 게다가 인간은 환경과의 상호작용 속에서 어떤 목적 지향적인 행동을 하는 지적인 능동 주체(agent)이다. 인간행위는 본능의 충동(impulse)에 대한 반사적 행동이 아니라, 환경과의 상호작용을 통한 지적활동의 결과로서 나타난다.

구석기시대의 원시인들이 알타미라의 동굴에 자신들의 생활과 수렵방식, 무기를 그려 넣고 기록을 누적하여 후대에

전하려는 모습은 종족 보존의 본능을 위해 인간만이 할 수 있는 고유한 지적 행위로서 베블런이 말한 제작본능이라 할 수 있다.

인류는 제작본능과 함께 자연을 이용하는 기술을 공통 지식으로 축적하여 독자적인 번영을 지속한다는 것이 베블런의 적극적인 인간 파악이다. 제작본능은 생명의 존속이나 증식에 도움이 되는 활동을 높게 평가하고 칭찬하는 성향으로서 인간 특유의 본능이다.

잠시 진화동물학자의 어떤 이야기를 인용하고 싶다. 오늘날 베블런의 제작본능을 대신 설명해 주는 내용같기에 반가워서 그렇다.

인간을 호모 사피엔스, 호모 루덴스 등으로 많이 규정하잖아요. 그런데 저는 얼마 전부터 호모 사이언티피쿠스Homo Scientificus라고 부르기 시작했습니다 …… 그런가 하면 누가 시키지도 않는데 혼자 앉아서 어떻게 하면 활촉을 더 뾰족하게 잘 만들까 생각하면서 활촉을 갈고 있던 사람도 있었을 거예요. 바로 기술자죠. 또 남이 일 해 주는 덕분에 잘 먹고 잘 사는 사람들도 있었겠죠. 하지만 남 덕에 잘 먹고 잘 살기만 하려는 사람들만 있는 집단과 동물의 행동을 관찰하고 더 뾰족한 활촉을 만들기 위해 애쓰는 사람을 가진 집단 중 어느 집단이 더 성공적이었을

까는 너무나 자명한 것 아니겠어요?

인간이 다른 동물에 비해서 그런 활동들을 특별히 잘했기 때문에 오늘날 객관적으로 볼 때 가장 성공한 동물이 된 거 아닌가요?[5]

베블런은 종의 존속과 집단생존을 위해 행동하는 인간 종의 속성(generic feature)으로서 '제작본능'에다 '경쟁심'을 포함시킨다.

제작본능이 피륙을 종으로 잇는 날실(經絲)이라면 횡단면을 가로지르는 씨실(緯絲)은 바로 경쟁의 본능으로, 그것은 집단 내부에서 질서를 만들어가는 원동력이 된다. 인간은 서로 지위를 다투는 경합과 겨루기를 통해 자신을 과시하려는 경쟁본능을 갖고 있다.

베블런의 아버지처럼 노르웨이 촌락공동체에서 식량을 더 많이 생산하기 위해 도구와 기술개발, 농법을 연구하는 경작자의 성향이 제작본능이다. 제작본능은 인간과 사물과의 관계에서 이뤄진다.

이제 생산력이 높아져 식량에서 잉여가 발생하는 단계로 진입했다고 하자. 경작자의 관심은 사물(=생산력)에서 이웃집 논에 쌓여 있는 노적가리의 크기로 옮아간다. 자기보다 더 많이 생산한 소유주, 즉 타인에 대한 경쟁심이 발동하게 된다. 경쟁본능은 인간과 인간의 관계에서 빚어진다.

경쟁심을 통해 힘의 서열(=사회질서)이 습관적으로 정해지기도 한다. 예를 들어 길거리에서 우연히 만난 세 사람 중에는 반드시 스승이 있다(三人行必有我師焉)는 공자의 말씀도 여기에 해당한다 볼 수 있다. 서로 모르는 세 명이 만나서 자신들을 뽐내고 서로의 명성을 확인하여(경쟁심), 마침내 한 명을 수장으로 정하는 일들이 굳어지고(습관), 서열방식과 의식儀式이 관습화되어 제도화되면 집단마다 특유한 문화(질서)를 낳게 된다.

경쟁심은 자신을 남과 비교해서 뽐내거나 공훈과 명성을 얻으려는 인간본능이다. 에뮬레이션(emulation)의 뜻에는 남을 본뜨고 겨루고 뽐내는 자기 과시적 의미가 복합적으로 담겨 있으며, 이는 타인과의 관계에서 비롯된다.

베블런의 제작본능과 경쟁심

베블런의 용법으로 제작본능의 또 다른 개념을 살펴보자. 인간은 어떤 목적을 향해 능동적으로 행동하는 주체이기 때문에 유익하고 효율적인 일은 선호하고 무익한 노력을 혐오한다. 제작본능은 유용하고 효율적인 능력을 장점으로 마땅히 취하고, 쓸데없는 노력 또는 무익함(futility), 낭비, 비능률이나 무능은 단점으로 버리면서 인간행동을 이끌어 간다.

인간은 누구나 경제적으로나 산업적으로 좋은 점(merit)을 보려 한다는 점에서 준準심미적 감각을 지닌다. 이런 심미적 감각에서 볼 때 무익한 행위와 비효율성은 싫은 것이다. 경제적으로 효과적인 활동은 장려하며 무익함을 비난하게 되는 것이 제작본능이며 충동이다.[6]

베블런의 부모는 개척시대에 어떻게든 낯선 땅에서 경제적으로 생존하고 자녀들을 키워서 공부시켜야 한다는 목적을 본능적으로 갖게 되었을 것이다. 제작본능은 주어진 목적을 달성하기 위해 유용하고 효율적인 것에 위배되는 모든 무능과 쓸데없는 노력을 배제한다. 부모의 희생과 노력은 우리가 보기에 헌신적이고 아름다운 모습이기에 심미적(aesthetic)이라 부를 수 있다.

제작본능이란 인간이 종을 보존하고, 인간을 인간답게 하는 순수정신이며, 인간의 불변적 특질이라고 베블런은 말한다. 그는 모든 저작을 통해 지루할 정도로, 생산력이 매우 낮았던 평화적 미개시대에 가장 순수한 형태로 발현되었던 제작본능이 점차 오염되고 있음을 해명하는 데 전력을 쏟았다. 산업(industry)에서 기술자의 제작본능은 기계과정의 효율성을 높여서 제품 생산량을 늘리지만 이윤을 최대목적으로 하는 영리기업(business)은 오히려 생산량을 의도적으로 감축시켜 가격을 올리려 한다. 이런 점도 베블런이 대표적으로 개탄

베블런의 역사구분 4단계(서구적 관점)

특성 \ 시대구분	미개시대	야만시대	수공업시대	기계산업시대
시대 성격	평화 애호적 단계	약탈 단계	준평화 애호적 단계	평화 애호적 산업 단계
경제 체제	원시공동체	노예제와 신분제	봉건시대(말기)	자본주의
경제 행위	사유제도 부재, 낮은 생산성	소유지배, 신분차별, 약탈	수공업자 직인과 자본가 구분	산업(industry)과 영리기업(business) 대립

하는 오염(contamination)이다.

제작본능의 순수정신을 보니 헤겔 냄새가 조금 풍긴다. 역사와 세계는 순수정신이 끊임없이 자아를 실현하는 과정이다. 그런데 호모 사이언티피쿠스는 자본주의 금전문화에 오염되어 자아실현과 세계를 구현해 가기는커녕 거꾸로 왜곡시키고 있다. 베블런이 꿈꾸는 이상향은 기술자 우위의 사회였는데 말이다.

베블런은 이런 과정을 그리기 위해 역사를 4단계로 나눈다. 이러한 구분은 치밀한 토대 위에서 역사를 구분하지 않았기에 어설프긴 하다. 모름지기 역사란 어떤 목적의 최종지점을 향해 발전해 가지 않는다. 미개시대의 평화가 야만문화로 훼손되었다가 다시 회복되기도 하지만 식민지 약탈의 제국주의 시대가 되면 퇴행할 수도 있음이다.

평화적 미개시대가 야만단계로 접어들면 공훈, 명성, 약탈, 무력을 증명하는 일이 가치 있는 인간행위의 기준이 된다. 강탈이 아닌 다른 방법으로 재화를 획득하는 일은 최고 신분에 있는 남자라면 부끄러워 해야 할 일로 평가받는다. 같은 맥락에서, 유용한 생산을 수행하는 일상의 노동행위는 무가치하고 비천한 직업(drudgery)으로 멸시하는 차별이 발생한다.

야만시대에 생산력의 발달로 잉여 생산물이 발생하면서 제작본능은 집단 구성원, 즉 타인에 대한 관심으로 이어지고 경쟁심, 질투, 비교, 우월감의 경로를 통해 발현된다. 이웃과 명성을 놓고 다투거나, 남과 비교하고 차별하려는 금전적 경쟁문화에서 제작본능도 여기에 적응하게 된다. 어차피 제작 정신의 본능도 은밀히 경쟁을 달고 다녔다. 무엇이 더 유용한 것인가, 무엇이 더 효율적인가를 놓고 다투기 때문이다.

집단 공동체와 사고습관에 자리 잡았던 약탈행위는 생산활동을 중시하는 준평화 애호적 단계에 들어와서 점차 퇴색하게 된다. 더 이상 약탈행위는 명성의 규범으로 정당화되지 못하였다. 무용의 증거였던 전리품(트로피)은 정착된 농경생활에서 한갓 기념품으로 빛바래고 사람들은 누가 더 많이 창고에 재물을 쌓아 놓느냐(잉여 축적), 즉 재산의 크기를 놓고 타인(인간과 인간)과 경쟁하게 된다.

부는 명예와 성공의 지표

소유재산은 우월성을 과시하는 증거로 자리 잡는다. 다른 사람과 차별화를 꾀하는 시샘 어린 비교(invidious comparison)

에 서로가 질투하며 경쟁적으로 사유재산을 확대해 간다. 이제 축적된 금전은 약탈에 성공했다는 증거가 아니라 타인에 대한 우월함과 성공을 대표하는 관습적 지표로 작용하게 되었다.

금전 과시문화(pecuniary culture)에 들어오면 타인과 명예를 다투는 경쟁심은 성공하려는 사람들 누구에게나 관습적인 행위목적이 된다. 인간의 제작본능이 눈에 띄는 명예를 목적 지향의 대상으로 삼는다면 아무래도 그것은 과정보다는 결과, 즉 성공과 업적에 더 많은 갈채를 보낸다.

제작본능은 어떤 목적을 달성하려는 성향이기 때문에 무익한 노력(futility)에 대해서 혐오감을 보인다. 당연히 상류계층의 제작본능도 금전적 성공을 이루는 데 기여하지 않는 무익한 노력에 대해서 경멸하게 된다.

여기서 잠깐 베블런이 주목했던 하류계층(the lower class)의 제작본능을 짚고 넘어가자. 그러기 위해서는 베블런의 의식 속에 스며든 애덤 스미스의 세계도 짚어볼 필요가 있다.

하류계층의 제작본능과 경쟁심은 애덤 스미스가 생각하는 부의 개념과 어느 정도 유사성을 갖는다. 그가 말하는 부(wealth)의 개념은 안락과 자유, 행복을 포기하고 희생함으로써 얻는 노동의 대가이다. 다시 말해 수고와 노고(toil and trouble)가 낳은 산물이라 할 수 있다. 베블런의 지적대로 부는 노동과 근검절약(industrial and frugal)을 통해 이룩된다. 여기서 애덤 스미스가 규정하는 국부의 원천도 창출된다.

하류계층은 서로 앞 다투어 경쟁하며 열심히 노동하고 땀 흘리며 재산을 모은다. 열심히 일하고 근검절약하며 도구 개발과 효율 증진의 제작본능으로 자신들의 사회에서 명예를 얻기도 한다. 하류계층은 어떤 경우라도 노동을 피할 수 없기 때문에 노동자라는 오명이 자신들의 가치를 결코 떨어뜨리지 않는다.

부자계급은 하류계층의 행위규범과 다른 제약조건을 금기사항처럼 지니고 있다. 바로 일체의 생산 활동에 참여하지 말라는 요구이다. 야만인의 계보를 이어받은 상류의 금전적 계층(the superior pecuniary class)은 유용한 재화를 직접 생산하고 땀 흘리는 노동을 극도로 멸시한다. 제작본능은 생산노동에의 불참(absentation) 속에 매몰되고 경쟁심과 합체(coalesce)하여 명예를 뽐내는 과시적 행동으로 나가게 되는 것이다.

상류의 금전적 계층은 하류계급의 노동과정을 생략하고 금전적 경쟁에서 성공의 증거물, 즉 부를 곧바로 획득하여 자신을 명예롭게 과시하는 데 주력한다. 여전히 폭력과 술책으로 재산을 경쟁적으로 축적하여 성공한 징표로서 부의 명성을 획득할 뿐이다. 준평화시대에 소유재산이 명성의 지표가 되자, 이제 사람들은 거꾸로 명성을 얻기 위해 치열한 금전적 경쟁을 벌인다.

일정한 목적, 즉 성공을 달성하고 무익하거나 쓸데없는 (futile) 노력을 혐오하는 제작본능은 결코 변하지 않는 인간적 특성이다. 변하는 것은 오직 치열한 금전적 경쟁상황에서 제작본능이 표현하는 형태이며 대상일 뿐이다.

이제 상층계급의 부자들은 창고에 쌓아놓은 재산만 갖고는 금전적 경쟁(pecuniary emulation)에서 성공할 수 없다. 집단 구성원들에게 칭찬과 존경을 얻도록 부를 효과적으로 과시할 수 있어야 한다. 너와 나는 근본적으로 다르고(차별적 비교), 부러움을 자아내는 선망의 대상이 되도록(시샘어린 비교) 부를 자랑해야만 한다.

어떤 부자가 계속 근검절약하고 돈만 모으려고 한다면 그 사람은 오히려 쩨쩨한 사람일뿐더러 멸시까지 받는다. 돈은 모으려고 버는 것이 아니라 쓰려고 번다는 말이 있다. 돈은 단순히 교환하거나 소비하기 위한 매개물에 그치지 않는다. 상층계급의 부자들은 한술 더 떠서 남에게 보여 주기 위해서 돈을 모은다.

소유물의 효용은 소비하는 데 있지 않고 과시하는 데 있다. 돈은 과시를 상징하기 위한 수단이란 것이 베블런의 독특한 금전관이다.

이제 자신은 노동하지 않아도 되며 언제든지 여가와 소비를 즐길 수 있는 유한계층이라는 것을 남들에게 보여줘야만 한다. 베블런은 이를 과시적 여가와 소비(conspicuous leisure and consumption)라고 불렀다.

과시적 여가와 유한계급의 행위규범

금전적 경쟁문화에서 부와 권력은 소유하는 것으로 그쳐
서는 안 된다. 타인에게 부자라는 증거를 제시해야만 부러움
과 명성을 얻을 수 있다. 자신은 비천한 노동으로부터 면제받
았으며 타인들과는 다르게 품격 있고 우아하게 생활하고 있
다는 차별성을 과시해야 한다.

과시적 여가는 노동하지 않아도 된다는 고상함의 징표

유한계급은 생산적 노동에 대한 금기 또는 노동 회피
(abstention from labour) 의식을 갖는다. 상류계층이 생산노동
을 무가치하고 수치스럽게 여기는 감정을 실감 있게 표현하
기 위해 베블런은 재미있는 예를 든다.

폴리네시아 제도의 어떤 추장들은 훌륭한 예법을 너무 강조한 나머지 자기 손으로 음식을 집어 먹으니 차라리 굶어 죽기를 선택하였다. 프랑스의 어느 왕은 불이 났는데도 옥좌를 옮기는 담당관리가 없다는 이유로 그 자리에 앉아 있다가 큰 화상을 입었다.

일하지 않고 노동을 회피하고 있다는 증거는 당연히 여가(leisure) 시간이 넉넉하다는 것으로 나타난다. 이때 여가는 아무 일도 하지 않거나 게으른 휴식을 의미하지 않는다. 자신은 남과 달리 무가치한 노동에 시간을 뺏기지 않았으며, 그 대신에 시간을 비생산적으로 소비(non-productive consumption of time)하느라 매우 바빴다고 하는 여가 낭비가 과시적 상징으로 표현되어야 한다.

재산을 축적하는 초기 단계에서 부는 소유 그 자체만 가지고도 명성의 기초가 되었다. 이제 그것만 갖고는 안 된다. 노동에 불참한다는 증거로서 여가를 과시해야 한다. 여가는 사회적 신분을 드러내는 관습적 징표로 등장하게 된다.

금전적 경쟁문화에서 부의 축적은 단순한 교환가치를 넘어서 손에 흙을 묻히지 않는 고상한 신분을 표시하고 사회적으로 우월함을 드러내는 상징 매개물로 작용한다.

돈은 더 이상 단순한 교환매개물로 존재하지 않는다. 돈은 돈이로되, 사회적으로 복합적인 이미지와 상징을 구현한다.

요즘말로 돈은 인격이며, 사회적 신분이고, 지위의 우월성을 나타내는 기호의미(시니피에, 記意)를 갖게 된다.

베블런의『유한계급론』은 1천 개가 넘는 사례가 수집되어 있다. 만일 그가 일본의 오다 노부나가를 알았다면 그에게서도 틀림없이 적절한 예화를 끄집어냈을 것이다.

일본은 1568년쯤에 전란이 끝나고 평화 시대로 접어들었다. 노부나가는 약탈과 살육을 목적으로 삼는 야만문화와는 달리 평온한 시대에는 새로운 삶의 보람이 있어야 된다고 생각하였다. 그는 문화생활로서 다도茶道를 장려하였다. 다도에는 절차와 예의가 요구되는 다기茶器가 필요했으며, 고상한 생활을 즐기기 위해 다실을 우아하게 장식하는 그림이나 글, 정원을 꾸미는 돌과 나무도 덩달아 주목받았다. 야만성을 아직 못 벗었던 무장들도 점차 다도에 빠지고 유명한 다기를 수집하였다.

권력과 부를 가진 상층계급은 이제 칼을 버리고 다도와 시화에 심취하고 느긋하게 여유를 즐겼다. 농민들이 뙤약볕에서 농경생산에 종사하는 동안에 노동을 면제 받은 상층계급은 여가를 비생산적으로 소비하는 유한계층으로서의 모습을 갖춰 간다.

유한계급의 교양, 취미, 예법, 품행의 행위규범

우리들에게 베블런은 과시적 소비로 알려져 있으나 과시적 여가의 개념도 이에 못지않게 현대 소비생활과 관련하여 더 많은 적실성을 보여 준다.

유한계층은 어떻게든 타인과의 경쟁에서 자신을 끊임없이 차별화하고 구별 짓고자 한다. 과시적 소비는 돈만 많으면 누구나 비싼 옷을 사 입고 뽐낼 수 있는 사회적 행위이다. 하지만 시간을 비생산적인 일에 사용하는 여가활동은 많은 노력과 훈련을 요구한다.

오다 노부나가 시대의 상층계층도 여가를 고상하게 즐기기까지 무진장 애를 먹었을 것이다. 다도의 예법과 까다로운 절차, 서화를 감상하는 심미안, 차 맛을 보고 수확시점까지 알아맞히는 박식함을 하루아침에 익힐 수는 없다.

유한계급은 인간생활의 향상에 직접 도움도 되지 않는 통사론, 문법, 가정예술, 복식服飾, 가구, 오락, 스포츠, 애완견이나 경주마 사육법 등의 지식을 키우고 세분화해서 발전시킨다. 자신들은 가치 없는 생산노동에 시간을 소비하지 않는다는 과시적 열망이 실생활에 크게 쓸모도 없는 지식과 잡학을 달달 꿰도록 만든다고 베블런은 비꼰다.

과시적 여가는 오랜 시간과 노력을 필요로 하는 유한계층의 차별화 전략이며 구별 짓기(distinction)이다. 영어와 프랑스어로 distinction은 구별과 차별이라는 뜻과 더불어 귀족이나 유명인사처럼 품위 있다는 의미도 복합되어 있다. 고상한 품격을 통한 차별화 시도는 생산적 노동에 모든 시간을 빼앗기는 하류계층으로선 엄두도 내지 못할 일이다. 예절이 사람을 만든다. 예의범절에 벗어난 사람의 행동거지는 본능적으로 혐오감을 불러일으키고, 행위자는 근본이 비천한 것으로 간주된다. 예의범절과 교양, 세련된 화법, 단정한 태도는 고상한 품격을 높이지만 훌륭한 예절을 갖추기에는 많은 시간과 열성은 물론 비용도 만만치 않게 든다.

자신의 시간과 에너지를 노동에 뺏기는 사람들이 예절을 습득하기는 어렵다. 매너 없는 행동은 생산적 노동에 시간을 빼앗기고 돈도 없는 비천한 하류계층임을 증명하는 것이나 마찬가지가 된다. 결국 매너와 예법은 유한계급의 생활 태도로 관습화되며 상징으로 굳어진다.

동양의 봉건사회에서 예禮는 상하의 위계질서를 유지하는 핵심 가치이다. 신분제가 사라진 현대에서도 주인과 하인의 상하복종과 주종관계를 보여주는 예법은 유한계급을 더욱 위엄 있게 만든다.

우선 야만시대에 전리품으로 소유한 여자와 포로 노예가 명성의 기준이 되었듯이, 유한계급도 관리비용이 많이 들어가는 하인과 하녀를 고용하여 부를 과시한다. 시종들은 주인의 명성을 높이고 하인 신분이 확연히 드러나도록 제복을 입으며, 마부로는 사람들 눈에 잘 띄도록 건장하고 힘이 센 남자가 선호된다. 가사노동이나 외부손님을 상대로 서비스를 하는 하인들은 생산적 노동을 면제받는다.

모두가 주인에게 복종하고 손님에게 공손하도록 철저한 복종과 예법 훈련을 받고 유한계층의 주인을 대리하여 여가활동에 보조적 역할을 수행해야 한다. 이를 베블런은 대리 여가활동(vicarious leisure)으로 분류하였다.

베블런의 생활도식, 부르디외의 아비투스, 문화자본

돈 많고 시간을 주체하지 못하는 부자들이 골프채 메고 해외투어를 떠난다고 해서 상류계층의 반열에 들어서진 못한다. 이웃집 유한계층이 베르디의 오페라를 감상하고 서양미술에서 큐비즘의 사조를 이야기하는 문화적 취향은 도저히 따라갈 수 없다.

베블런은 탁월하게 지적한다. 그는 유한계급의 품위는 다양한 지식과 교양, 예술적 감각, 취향, 예법 등의 훈련과 교육을 통해서 서서히 발달한다고 말한다.

더 이상 부는 유한계급의 명성으로 작용하지 않는다. 현대의 소비생활에서 시간을 비생산적으로 소비하는 과시적 여가는 지식과 문화자본의 크기에 따라 좌우된다. 사회적인 서열 질서는 부를 척도로 하는 것이 아니라, 베블런이 말하는 것처럼 생활도식(schemes of life)에 따라 이뤄진다.

피에르 부르디외는 베블런의 생활도식에서 힌트를 얻어 사회집단마다 서로 다른 생활양식(life style)을 도입하여 현대인의 소비생활을 분석한다. 명품이나 예술품은 돈을 주고 시장에서 교환할 수 있지만 취향과 안목은 오랜 습득 과정이 요구된다. 역설적으로 자식을 상류계층으로 진입시키려면 어릴 적부터 미술과 음악을 가까이 하는 훈련이 필요한 것이다.

예술은 고급스러운 사치재가 되었으며 문화는 신분상승의 디딤돌이다. 그것은 상류와 하류계층의 생활양식을 차별화하여 경제적 자본으로 무장한 졸부들이 웬만해서는 건너뛸 수 없는 구별 짓기를 만들어 낸다.

생활양식의 차이를 통해 길러지는 문화자본(cultural capital)은 부르디외의 아비투스habitus 개념에서 구체화된다.

인간행위는 이해관계를 따지고 합리적으로 판단하는 이성적 결과로만 설명할 수는 없다. 과거의 기억이나 경험, 사회관습 체계, 이성으로 환원 불가능한 감정 같은 요인이 포괄되어야 한다고 부르디외는 강조한다.

식탁에서 아무리 배가 고파도 아버지가 수저를 들 때까지 기다리는 아이의 행동은 유교적 가풍, 장남으로서 키워진 훈육, 참을성 있는 행동의 반복을 통해 몸으로 익힌 관습의 산물이다. 어떤 것을 자각하고 의식하기 이전에 반복된 행위를 통해 획득된 육체적 도식(scheme)이 일상생활을 지배하게 되는 것이다.

아비투스는 대략적으로 특정한 사회적 환경에 의해 획득되어진 성향, 사고, 인지, 판단과 행동의 체계를 의미한다. 부르디외의 아비투스를 보면 베블런에게서 보았던 내용들이 낯설지 않다. '관화慣化' 정도로 번역할 수 있는 베블런의 habitation은 인간이 습관적으로 획득한 것이 다음 세대로까지 전통, 훈련, 교육 등의 방식을 통해 전해진다는 개념이다.

이제 지배계층의 아비투스는 학벌, 가문, 예술적 취향, 정제된 언어습관, 우아한 실내장식, 의상 등에서 귀족적 품위를 함양하여 구별 짓기를 만들어 낸다. 드라마에 종종 나오는 것처럼, 부잣집 딸과 가난한 총각이 결혼하면 우선 침대, 장롱, 소파 등의 혼수품을 고르는 순간부터 충돌이 일어난다. 서로 아비투스가 다르기 때문이다. 아비투스는 집단마다 서로 다른 문화적 성향의 차이를 생산하고 사회적 행위에 일정한 코드를 만들어 상류계층은 자기네들끼리 서로 어울리고 결혼하도록 만든다.

아비투스에서 보이는 대표적 자본은 경제자본이 아니라 문화와 상징자본이다. 유한의 상류계층은 생산적인 경제자본 위에서 축적되는 문화와 상징자본의 보유에 따라 결정된다.

문화자본은 문화적 성향과 태도를 차별화하고 문화적 대상을 이용하는 능력을 강조한다는 점에서 사회적 지위를 재생산할 수 있는 우수한 메커니즘이다. 도저히 시장에서 돈으로 구입할 수 없는 게 문화자본이다. 이른 나이부터 자신들만의 생활양식에 젖으면서 품위, 세련됨, 고상한 취향, 교양, 예술, 고급 취미를 몸에 익히고 내면화해야만 습득 가능하기 때문이다.

문화자본은 다양하다. 미국의 경영학 박사 학위와 국제변호사 자격증을 보유하여 제도적인 문화자본을 획득한 사람은 사회적으로 능력 있다고 평가받는다. 자격증은 금전적 가치를 보장함으로써 문화자본을 경제자본으로 전환시키기도 한다. 마르크스의 계급은 생산수단과 경제적 자본의 소유로 결정된다. 하지만 부르디외는 비경제적인 문화자본이 가문의 영광을 통해 지속적으로 재생산되고 사회적 불평등을 만들어 내는 결정적 기준이라는 점을 알려 준다.

유한의 상류계층은 온갖 방법을 동원해서라도 자신을 쫓아오는 집단계층을 따돌리고 차이와 구별 짓기를 시도한다.

카리브해 바하마 제도의 어느 외딴 섬에서 휴가를 즐기던 상류계층은 다음 휴가에 쓸 다른 차별화 전략을 은밀히 꿈꿀 것이다. 세계의 유명관광지는 모두 소문이 나서 호화판 투어 가지고는 더 이상 자신을 과시할 수 없게 되었다. 베블런의 과시적 여가를 통한 사회적 지위경쟁은 여전하다. 이제 현대의 상류계층은 편하게 쉬는 레저보다는 돈도 더 많이 들고 어릴 때부터 익혔던 요트를 타고 태평양을 가로지르는 모험을 감행하게 된다.

오늘날에도 단순한 여가는 유한계층의 상징일까

노동하지 않고 한가함을 특권으로 삼던 베블런의 유한계층의 이미지는 현대 소비생활에서도 막대한 영향을 미친다.

유한계층을 꿈꾸는 현대인은 레저시간을 만들고 떠나기 위해 무진장 노력을 한다. 밀린 업무를 밤늦게까지 당겨서 소화하고 겨우 연차휴가를 모아서 여행을 떠나지만 그때부터 전쟁은 시작된다. 표준화된 관광일정을 모두 소화하기 위해 박물관, 미술관, 쇼 감상, 요리 맛보기, 쇼핑점 등으로 눈도장을 찍어 댄다.

유한계층의 과시적 이미지를 자신에게 대입시키려는 중간계층의 여가활동은 눈물겹다. 주말이면 제대로 쉬지 못한 채 무조건 집을 떠나서 휴가시간을 보내야만 하는 괴로움도 안락과 평화, 자유를 희생하는 일종의 노동행위이다.

자본주의적 노동의 특성이 획일화, 표준화, 기계화인 것처럼 과시적 여가도 일정한 주형鑄型에서 붕어빵이 찍혀 나오듯이 똑같게 된다. 이쯤 되면 여가는 고통이며, 애덤 스미스의 말처럼 '노고와 수고'의 대가를 치러야 한다. 보통사람들이 신분상승의 무형적 가치, 즉 위신재(prestige goods)를 생산하려는 고통은 눈물겹기만 하다. 하여 중간계층의 과시적 여가는 어쩔 수 없이 노동행위와 같게 된다.

과시적 여가와 노동이 등식을 이루는 현대사회에서 진짜 유한계층은 어떻게 변화하고 있을까. 유한계층은 노동활동, 아니 과시적 여가에 참여하지 않음으로써 노동에 불참한다는 자신들의 특권을 여전히 고수한다. 중간계층이 과시적 여가를 위해 발버둥 칠 때마다 유한계층은 저 멀리 신기루처럼 달아나곤 한다. 상류의 중류계층 따돌리기 전략이다. 그런데도 중류계층은 힘든 여가노동을 마치고 귀환할 때는 자신도 유한계층인양 만족하면서 착각의 덫에 빠진다.

진짜 최상위 유한계층은 한 단계 더 뛰어서 호화요트를 타고 세계일주를 하거나, 한 단계 내려가서 오히려 별장이 딸린 개인농장에서 땀 흘려 일한다. 손에 흙을 묻히고 일한다고 해서 노동이라고 생각하면 안 된다. 삶을 되돌아보고 노동의 참된 의미와 땀방울의 가치를 되새기는 일(work)이다.

노동(labor)은 임금과 대가를 요구하지만 일(work)은 한다는 것 자체가 목적이 되고 개별적이며 창의적 작업에 속한다. 여가가 곧 노동인 현대사회에서 상류계층은 여전히 노동회피라는 명예를 누린다. 오직 자신이 주체가 되어 일할 뿐이다. 물론 상류계층은 하류계층의 일을 마음만 먹으면 할 수 있지만 경제적 능력이 없는 하류계층은 상류계층을 흉내 낸다는 것이 불가능하다는 점에서도 부자들의 땀 노동은 구별 짓기의 고도전략이랄 수 있다.

유한계층의 최고 정점에 서 있는 빌 게이츠와 같은 CEO는 한가롭지 않다. 이들은 외국 출장길에서 점심을 햄버거로 때우고 몇몇 사장들과 만나고 저녁에는 비행기를 타고 다음 목적지로 떠난다. 이들은 노동하지 않는다. 구상하고, 창조하고, 꿈을 실현하고, 미래를 만들어 가며 일을 즐긴다. 때로 제3세계에 무기를 팔아먹기 위해 전쟁을 꿈꾸며, 유리한 법안 통과를 위해 정치인에게 교묘하게 줄을 대느라 바쁘다.

어쨌든 현대의 상류계층은 한가한 여가의 유한有閑계급이 아니라 시간이 없어서 쩔쩔 매는 무한無閑계급인 것이다.[7] 그렇다고 베블런이 규정하는 유한계급론이 낡아 빠진 구식 이론이 되진 않는다.

빌 게이츠는 노동에 불참하고 인간생활에 유용한 재화를 직접 생산하는 데 종사하지 않는다. 대부분의 시간이 일과 여가활동으로 채워지며, 막대한 재산을 세계적인 기부활동에 쓰고 있다. 현대 상류계층의 기부행위 또한 과시적 소비의 새로운 모형이다.

과시적 소비와 낭비사회

필요한 재화를 생산하는 일상의 노동이 천대받는 것처럼 유용한 노력은 모두가 혐오의 대상이 된다. 노동에 참여하지 않는다는 적극적 과시는 시간과 재화를 비생산적으로 소비하는 여가 형태로 나타난다.

유한계급은 비천한 노동에 불참하는 것을 특권으로 여기며 시간과 노력을 낭비하여 과시적 여가를 자랑한다. 이와 함께 과시적 소비는 재화를 쓸데없이 낭비하여 타인에게 인정받고 자신의 지위와 명성을 드높인다.

인류학의 포틀래치와 과시적 소비

베블런은 인류학자 보아스가 연구했던 콰키우틀족(북서

태평양 연안의 인디언)의 포틀래치potlatch에서 유한계급의 과시적 소비와 낭비를 발견하였다.

포틀래치는 원시 부족사회에서 잉여 생산물을 파괴함으로써 우월감을 과시하는 축제이다. 여기서 대인(big man)은 사회적 지위에 걸맞게 많은 음식과 일용품, 예물을 장만하여 손님에게 접대하고, 파괴하고, 선물한다. 이로써 대인은 부와 지위를 과시하고 개인의 정치적 지위와 권력을 확대해 가게 된다.

부의 소유는 명예로운 것이다. 대인은 앞 다투어 재물을 모아 포틀래치의 향연에서 손님들에게 선물을 증여하고 흥청망청 낭비하여 경쟁자들을 기죽인다. 포틀래치에 초대받은 대인은 선물을 안고 귀가하지만 다음 해에는 자신이 더 많이 생산해서 남 보란 듯이 재물을 뿌리고 명예를 회복하리란 각오로 이를 악물곤 한다. 우리 조상의 전통양식에서도 관혼상제를 맞으면 마을 전체 사람들을 잔치에 초대하여 음식과 선물을 베푸는 일종의 포틀래치가 있었다.

자본주의 생산은 이윤이 목적이지만 원시 부족사회에서는 그렇지 않다. 역설적으로 생산의 목적은 파괴하여 명예(honor)를 얻기 위함이다. 살린스Marshall Sahlins는 『석기시대의 경제학』에서 "재물을 모으는 목적은 사실상 종종 재물을 포기하는 데 있다"고 적는다.

대인들은 포틀래치에서 재물을 포기하고 선물주기로 관

대함을 베풀어 명예를 얻는다. 증여를 받은 사람은 답례로써 반례를 해야 하는 주고받기(giving and counter-giving)의 호혜 원리를 지켜야 한다. 쩨쩨하거나 남의 것을 탐내고 욕심 부리는 대인은 공동체에서 왕따가 되거나 심지어 추종자들에게 죽임을 당하기도 한다. 포틀래치는 곤궁한 사람들에게 재물을 나눠 주는 재분배와 사회적 평형장치로서 기능하였다.

원시 부족사회에서 포틀래치는 소유물 때문에 질투가 일어나는 것을 피하기 위한 장치였다. 이와 달리 현대판 포틀래치는 낭비적 파괴의 대가로서 명예를 획득하는 것이 아니라, 오로지 부를 통해 자신이 우월한 존재라는 것을 과시하기 위한 유한계급의 행진일 뿐이다.

이 대목에서 한 가지 의문점이 생긴다. 콰키우틀족의 포틀래치는 대인의 선물 향연과 관대함, 빈궁한 사람에 대한 재물증여 등의 재분배와 평형장치로서 사회에 안정감을 부여하였다. 이와는 달리 현대 유한계급이 자신의 우월성만을 과시하는 낭비적 소비는 하류계층에게 빈부의 양극화와 심한 적대감을 불러일으켜서 자본주의 사회를 위태롭게 하지는 않을까?

중하류계층은 상류계층의 과시적 소비에 적대감을 느끼기보다는 오히려 모방하려는 탓에 여가와 소비생활이 유행하기에 이른다. 하류계층이 유한계급의 생활방식을 모방하고 따르려는 과정에서 역설적으로 사회가 안정을 이룬다고 본 베블런의 지적은 탁월하다. 마르크스가 두 계층을 자본가가 생산과정에서 잉여가치를 수탈하는 적대 관계로 보았다면 베블런은 대중소비사회에서 그 둘을 동화적 관계로 파악한다. 모방을 통한 사회적 안정장치라는 개념은 다시 구체적으로 언급될 것이다.

중하류계층에서는 가정주부와 자녀들에게서도 대행적 과시 소비가 이뤄진다. 빈곤계층에서도 관습적인 과시 소비의 유혹을 떨쳐 버리지 못하고 형편이 너무나 어려운 경우에는 가장과 자녀들의 겉치레 소비를 중단하고 주부(여자)만이 최소한의 금전을 보유하고 있는 대변인으로 등장하기도 한다.

도시가 시골보다 과시적 소비에 집착하는 이유

내가 사는 아파트 통로에 가끔 눈에 띄는 주민이 있다. 내가 먼저 인사를 해도 데면데면하다. 젊은 나이에 생활은 괜찮은 것 같은데 딱히 직장은 없어 보인다. 그 사람은 유난히 내 눈길을 끄는데 사파리 지프차의 지붕에 윈드서핑 케이스를 일 년 내내 싣고 다니기 때문이다. 바닷가에서 윈드서핑을 즐기는 낭만은 나로서 엄두도 못 낼 일이다. 그런데 이렇게 생각해 보면 어떨까.

윈드서핑의 효용가치는 1년에 석 달 정도 해수욕장에서

수상스포츠를 즐기는 데 있을 것이다. 그런데 진짜 효용가치는 아파트의 지상 주차장과 길에서 만나는 익명의 사람들에게 '나는 고급 스포츠를 즐기는 유한계층'이라는 것을 과시하는 여가와 소비의 상징에 있을지도 모른다.

베블런은 과시적 소비의 경우 시골보다는 도시에서, 도시에서도 사람들이 일회용으로 만났다 헤어지는 공간에서 더욱 기승을 부린다고 말한다.

시골은 인간관계의 밀도가 매우 높아서 소문이 빨리 돈다. 아무개 집에 금가락지 하나만 생겨도 동네방네에 입소문이 돌아서 굳이 자신이 직접 나서서 광고하지 않아도 된다. 베블런은 당시 미국사회에서 돈 잘 버는 숙련 인쇄공을 예로 든다.

인구이동이 빈번하고 인간 접촉이 가장 광범위하게 이뤄지는 사회집단에서 과시적 소비는 명성 획득과 체면 유지를 위한 최선의 수단이다. 도시인들은 서로를 능가하기 위해 치열한 경쟁을 벌이면서 과시적 소비의 기준을 갈수록 높인다.

도시 숙련인쇄공의 저축률이 시골 사람보다 상대적으로 낮은 이유는 소득 대부분이 자신을 자랑하는 광고수단으로써 과시 소비에 지출되기 때문이다. 베블런은 도시인들이 술 한잔을 먹으며 담배피우고 상대방이 눈살을 찌푸릴 정도로 과장된 담소를 나누는 것도 과시적 행태의 일환으로 해석하고 있다.

여기서 또 한 번 의문을 제기해야겠다. 제작본능은 생산적 효율과 유용한 모든 것에 호감을 갖게 하는 인간의 불변적 요소라고 했다. 물질적 자산(substance)이나 노력을 쓸데없이 낭비하는 것에 경멸감을 나타내는 것이 제작본능의 심성이다. 그렇다면 과시적 소비에서 나타나는 낭비와 제작본능 사이에서 발생하는 갈등과 모순을 어떻게 봐야 할까?

제작본능과 과시적 낭비의 모순

제작본능은 과시적 낭비와 모순되는 경우에도 '누가 봐도 명백히 무익한 것은 혐오스러우며 미학적으로도 용납할 수 없다'는 관념을 그대로 표출한다. 하지만 제작본능은 우회적 전략을 구사하여 낭비적 행태를 유용한 것으로 보도록 사람들의 견해를 적극적으로 조성하여 자기만족에 빠지도록 한다. 이렇게 해서 낭비에 대한 사회적 저항선은 어느 정도 변화하여 표면상 유용한 목적으로 위장하게 된다.

'표면상 목적이 없는 유한'은 경멸받는다. 누구라도 제작본능의 혐오감을 피하려면 유용한 목적을 그럴 듯하게 내세워야 한다. 호사스러운 밍크코트를 입더라도 겉치레로나마 자선 바자회에 참석해서 사회적 의무를 다한다는 시늉이라도 해야 낭비에 대한 사회적 혐오감과 저항이 완화되는 것이다.

준準예술이나 학술활동에 참석하거나 골프, 승마, 요트 등

기타 각종 스포츠에 대한 익숙한 솜씨를 발휘하는 것도 표면 상으로 유용성을 위장하는 전략이다. 고급 외제 승용차로 낭비적 과시를 하기보다는 사파리 지프차의 지붕 위에 윈드서 핑 케이스를 싣고 다니며 자기를 광고하는 것이 훨씬 사람들의 혐오감을 줄이게 된다.

요즘 사치스런 의상에다 고급차를 타고 다니면서 자기를 과시하는 유한계층은 별로 눈에 띄지 않는다. 대신에 뒷동산이라도 올라가보면 고급 등산장비에다 비싼 아웃도어 웨어를 입은 사람이 많아 보인다.

오늘날의 과시적 소비와 차별화는 산 위에서도 이뤄진다. 고가의 등산용품은 표면상 유용한 목적으로 위장하는 제작 본능의 전략이라면 지나친 해석일까. 물론 전문지식이 없으면 고급 외제장비를 구입하기도 어려운 만큼, 이런 행동은 자신의 전문가적 취향과 안목을 뽐내는 계기도 될 것이다.

어쨌든 낭비를 통해 명성을 얻으려는 과시적 소비는 제작 본능과 모순되면서도 교묘하게 돌파구를 찾아 끊임없이 사회적 견해를 만들어 간다.

모든 생물 유기체는 살아남고, 적응하고, 인정받기 위해 치열한 경쟁을 벌인다. 인간이 다른 생물 유기체처럼 경쟁본능만 있었다면 종족을 보존하는 정도에나 머물렀을 것이다. 인간의 종이 독자적 번영을 누렸던 이유는 베블런의 제작본능이 발현되고 호모 사이언티피쿠스로서 활동했기 때문이다. 제작본능은 끊임없이 인간의 생존과 적응, 번영을 유지하기 위해 스스로를 발동한다.

과시적 낭비와 차별적 비교를 꾀하려는 인간 종의 경쟁심은 제작본능의 테두리 내에서만 허용될 뿐이다. 표면상 제작본능의 유용한 목적을 내세우는 범위 내에서만 과시적 소비가 허용되며, 그렇지 않고 오로지 경쟁본능에만 도취되는 과시와 낭비는 사회적으로 비난받고 경멸당하게 되는 것도 이런 까닭임을 확인할 수 있다.

생산과 소비, 사치와 낭비의 경제학

베블런은 늘 학생들에게 "우리는 무엇이 어떠해야 한다는 당위가 아니라, 무엇이 어떠한가라는 존재(what is)에 관심을 가져야 한다"[8]고 말했다. 그는 모든 낭비를 단순히 도덕적으로 싸잡아서 비난하지 않았다. 낭비의 존재 현상을 탐구적으로 접근했다.

과연 낭비의 기준은 무엇인가. 흔히들 인간생활이나 행복에 전혀 도움이 되지 않는 것을 낭비라고 부른다. 하지만 소비자의 입장에서 시간과 노력, 재화를 꼭 쓸데없이 낭비하거나 오용하지 않았다고 생각하면 어떻게 될 것인가. 물론 개개 소비자의 선택적 판단이 사회 전체 기준과 어긋날 때 낭비라고 불릴 수는 있다.

베블런은 시간이 점차 흐르면서 한때의 과시적 낭비 물품이 사회 전체적으로 생활필수품으로 바뀐다고 말한다. 그러면서 양탄자, 은제식기, 실크해트(예복용 남자모자), 예복, 각종 보석 등, 낭비 물품에서 필수품으로 변화된 목록을 예로 든다. 우리나라도 현재 생활필수품 중에서 과거에는 사치품의 특별소비세가 부과됐던 품목들이 많이 있다. 안락하고 풍요로운 인간 생활에 유용성을 주기 때문에 낭비라고 비난하는 일은 위험하다는 것이다.

베블런은 제작본능을 판단기준의 최후 법정으로 삼아 '비난받아 마땅한 낭비'를 가려내서 제시한다. 역시 '남과 재력을 비교하고 차별화하기 위해서 습관적으로 금전을 지출하여 명성을 얻고자 하는 관습적 소비'를 낭비로 분류하였다. 베블런의 비난 대상은 사치와 낭비가 아니었다. 그의 목표물은 과시적 소비와 여가를 통해 타인과 시샘 어린 비교를 하고 차별화하려는 유한계급의 행태였다.

일반 경제학에서도 사치재奢侈財를 마냥 비난하지는 않는다. 전통적으로 사치와 낭비는 물질적 탐욕, 부패와 타락, 공동체 유대관계의 훼손 등을 이유로 죄악시되었다. 그러나 흄David Hume의 경우에는 인간의 생활패턴과 매너, 그리고 습관을 변화시키고 사회문화 발전에 파급효과를 갖는다며 사치재에 긍정적인 평가를 내렸다.

경제사적으로 사치품은 경제발전 단계마다 결정적인 역할을 수행하였다. 중세유럽 시대에 동방의 사치품, 실크와 도자기, 각종 진기한 중국 상품들은 봉건영주의 욕망체계와 사고습관을 자극하여 영주와 농노의 예속관계를 일대 전환시키는 계기가 되었다. 영주의 사치품 구입에는 화폐가 절대적으로 필요했다. 지멜Georg Simmel이 『화폐철학』에서 지적한 대로 예속민이 화폐를 지불하고 농토를 완전히 소유함으로써 "인신 지배의 신분관계는 화폐를 매개로 해소되었다."

베블런은 경제학적 패러다임을 생산에서 소비와 문화로 이행시켰다. 이전의 경제학은 희소한 생산요소를 결합하여 효율적으로 재화를 만드는 생산영역에 머물렀다. 소비 역시 개인 소비자의 합리적 의사결정과 효용극대화를 근간으로 삼았을 뿐이다.

이제 베블런을 시발점으로 경제학은 생산과 희소성(scarcity)에서 벗어나 대량 소비문화와 낭비, 풍요성(abundance)에도 주목하게 된 것이다. 베블런의 과시적 소비와 보드리야르의 소비사회의 계보를 거쳐 바타이유Geroge Bataille는 『저주의 몫』에서 소비의 경제학을 펼친다.

거울 앞에서 내 몸을 바라보노라면 축 처진 뱃살이 보인다. 나는 내 몸을 타인의 시선으로 고정한다. 내 육체는 나의 것이 아니라 타자화된 몸이다. 근육질 몸매와 날씬한 허리를 제외한 모든 뱃살은 바타이유의 표현대로 저주의 몫이다. 오늘도 밤마다 동네를 뛰어다니는 뚱보(?)들은 육체의 잉여를 소모하고 저주의 몫을 깎아 내리기 위한 몸부림일지어다.

역사적으로 모든 사회는 잉여를 어떻게 처리할 것인가를 놓고 고민해 왔다. 포틀래치 역시 사회적 잉여를 처리하는 지혜의 산물이었다. 바타이유가 미국의 이라크 전쟁을 목격했더라면 분명히 과잉에너지의 파괴를 위한 비극이라고 한탄했을 것이다.

인간사회는 과잉에너지를 해소하기 위해 종종 전쟁에 기댄다. 이런 비극적 전쟁을 예방하기 위해 인간은 '비생산적 소비'로 과잉에너지를 미리 파괴하는 것이다. 비생산적 소비는 소비 그 자체를 목적으로 삼는다. 사치, 종교예식, 기념물 건조, 전쟁, 축제, 스포츠, 장례, 예술, 도박, 쾌락을 위한 섹스 등이 비생산적 소비에 속한다. 바타이유는 생산적 소비보다 비생산적 소비가 훨씬 비상한 의미를 내포한다고 본다.

인간은 과잉에너지를 가장 사치스럽게, 가장 집약적으로, 가장 과시적으로 소비하기에 적합한 존재이다. 그런데 인간은 낭비하는 순간에도 획득을 열망한다. 인간은 특권을 의식한 채 과시적 낭비를 하며 이로써 남보다 우위에 선다. 잉여 소비가 바로 사회적 지위 획득을 근원적으로 결정하는 것이다.

비싼 것이 아름답다

"나는 소비한다, 고로 존재한다"는 명제 속에서 '소비인 간' 호모 콘소마투스Homo consomatus가 탄생한다. 자본주의 사회에서 소비는 그 자체로서 인간의 존재 이유가 되었다. 돈 이 많으면서도 소비에 즉각적으로 반응하지 않는 사람은 아 예 비정상인으로 취급받는다고 베블런은 말한다.

과시적 소비는 출산율을 낮춘다

소비대상의 실제가치가 무엇인가는 더 이상 중요하지 않 다. 소비상품을 욕망하는 것이 아니라 소비하는 행위를 바라 보는 타인의 부러운 시선과 질투를 욕망한다. 그래서 부자들 은 구입한 물건은 뜯어보지도 않는다. 이미 과시적 소비행위를 통해 타자의 욕망을 획득했기 때문이다. 미국사회가 1950년대보다 현재의 주택면적이 평균 2배로 늘어난 것은 쌓아둘 물건이 늘어났기 때문이라는 흥미로운 보고도 있다.

과시적 소비는 우월한 지위의 인간과 자신을 동일시하고 못난 사람과 구별 짓기를 행하는 관습화된 사고습관과 행동 패턴, 즉 제도와 문화로서 자리 잡게 되었다. 기업의 담당자들도 과시적 소비의 욕망체계를 지속적으로 자극하였으며 증가된 생산기술과 속도는 생활필수품보다는 과시적 소비용품에 할당되었다.

소비사회를 분석한 베블런은 흥미롭게도 맬서스의 인구론을 비판한다. 오늘날 세계적으로 겪고 있는 선진국의 출산율 저하를 미리 예견이나 한 듯싶다. 과시적 낭비가 습관화된 생활기준에 맞추기 위해서 적응하려는 열망은 출산율의 저하로 이어진다는 것이다. 자녀를 과시적 소비로 치장하고 명예롭게 키우기 위해서는 그만큼 비용이 많이 들기 때문이다. 적게 낳아 제대로 남 보란 듯이 키우고자 하는 부모의 열망은 유교문화권인 한국에서는 더할 것이다.

더구나 우리는 심심치 않게 뉴스에서 보듯이 '몇 천 만원 나가는 가짜 명품시계가 잘 팔리는 나라' '다른 나라 보다 2배 비싼 외제 승용차가 판매량 1위' '한국은 비싸야 잘 팔리는 이상한 나라'에 살고 있다. 비쌀수록 사고 싶어지는 베블런 효과(Veblen effect), 고가이기 때문에 잘 팔리는 베블런 상품(Veblen goods)은 그렇게 해서 오늘날에도 긴 생명력을 유지하고 있는 것이다. 어쩌면 베블런은 지금까지도 가장 뛰어난 마케팅의 원조라고 봐도 좋겠다.

유한계층은 수제품, 애완견, 경주마, 빼빼한 여자를 좋아한다

과시적 낭비의 원리는 훌륭하고 명예로운 생활과 명품 선호의 사고습관을 주도적으로 이끌어 간다. 과시적 소비문화는 인간의 사고습관에도 영향을 미쳐서 무엇이 옳고 그르며 존경받을 만한가에 대한 기준과 재화의 선호체계를 좌우하였다.

우리가 밥 먹을 때 쓰는 스테인리스 수저는 매우 실용적이다. 과시적 낭비의 원리에 따르면 어떤 제품은 오히려 실용적이기 때문에 효용성을 잃어버린다. 스테인리스 수저보다는 효율성이 훨씬 떨어지는 수제품 은수저가 미학적으로 아름답고 가격도 비싸기 때문에 선호체계에서 우위를 차지한다. 수제품 은수저는 아름답기만 해서도 안 된다. 반드시 가격도 비싸야 한다. 값비싸고 아름답게 여겨지는 물건을 사용하고 감상함으로써 소비자는 우월한 지위와 명예를 얻게 되는 것이다.

베블런은 말한다. 어떤 물건이 우리의 미적 감각을 자극할 만큼 가치를 획득하려면 아름다워야 하고 동시에 비싸야 한다. 여기에다 꽃가게를 들어가서도 저급한 변종을 배척하고 재력의 미덕을 높이고 값비싸고 사치스러운 꽃을 고르는 안목이 뒷받침돼야 함은 물론이다.

과시적 낭비의 원리는 식물뿐만 아니라 동물에서도 사람들의 취향을 바꿔 놓는다. 애완견은 우리의 지배성향을 만족시키는 특별한 기질이 있기도 하지만 실용성과 유용성이 없다는 점에서 커다란 장점을 갖는다.

유한계급은 실생활에서 쓸모가 없고, 조금은 기괴해서 희소가치가 있고, 그래서 값도 비싼 애완견을 가장 좋아한다. 혈통 있고 사람의 시선을 끄는 애완견은 과시적 소비에 매우 유용한 품목이다. 최근 중국에서도 신흥부자들이 엄청난 고가의 애완견을 재력 뽐내기 수단으로 과시하고 있다. 이에 골머리를 앓는 중국 당국은 한 가정에 애완견 한 마리로 제한하는 정책을 강력히 시행할 정도라고 한다.

경주마도 마찬가지다. 경주마는 경쟁을 발휘하는 수단으로 유용하게 평가된다. 다른 말을 추월하는 경주마는 주인의 공격성과 우월감을 만족시킨다. 경마는 우월성, 과시적 명예, 낭비에 딱 들어맞고 더구나 유한계층이 가장 좋아하는 도박 수단이라는 점에서 부자들의 스포츠가 되는 것이다.

과시적 낭비의 원리에 따르는 미학적 기준은 여성에게도

AMERICA'S FAVORITE.

STYLE
707

F.P.

F.P.
CORSET.

Will give the wearer satisfaction every time.
If not for sale at your dealers, send $1.25 to
BRIDGEPORT CORSET CO.,
FITZPATRICK & SOMERS,
85 Leonard St., New York.

여성의 몸도 과시적 낭비의 기준에 따라 통제되어야 했다.

적용된다. 중국 시안의 화청궁에 가면 양귀비와 시녀들이 함께 있는 대형벽화가 눈에 띈다. 그런데 처음에는 절세미인의 양귀비를 고르기가 쉽지 않다. 양귀비가 통통한 몸집일 줄은 상상도 하지 못했기 때문이다. 현재의 미학적 기준으로 고르는 날씬한 여인들은 모두가 양귀비의 시녀일 뿐이다.

여자들의 노동력이 가치 있게 평가되는 경제발전 단계에서 대체로 튼튼하고 사지가 큰 여성은 미학적으로 아름답다고 간주된다. 하지만 상류계층의 여인이 대리여가 활동에 등장하게 되는 시대에 접어들면 숙녀는 보호받고 모든 실용적 노동을 철저히 면제받아야 하는 존재로 생각된다.

과시적 낭비의 기준은 여성미에 대해서도 통제력을 행사한다. 명성 획득을 위한 과시적 여가에서 최고의 여성미는 우아하고 섬세한 손발과 날씬한 허리이다. 여성들은 코르셋으로 허리를 개미처럼 만들어 신체 변형까지 해 댄다. 남자 유한계급의 사고습관에 적응해 온 심미적 기준은 여성을 통제하는 지배수단으로도 작용하는 것이다.

말라깽이의 기호가치는 노동의 면제가 특권으로 주어진 유한계층임을 나타낸다. 배꼽티와 짧은 미니스커트가 선호되는 까닭도 자신은 구태여 생산 활동에 편한 의복을 입지 않아도 되며 조신한 부잣집 딸이라는 것을 과시하기 위함이다. 베블런은 그렇게 일상생활의 과시적 소비에서 기호와 상징 의미를 예리하게 끄집어내었다.

수제품의 자연스러움, 조금은 결함 있는 것이 명품

싸구려 물건은 사람을 싸구려 인생으로 만든다는 경구가 있다. 우리가 사용하는 스테인리스 수저는 인간의 실용성에 부합하여 대량으로 생산한 기계제품이며 값도 싸기 때문에 천대받는다. 수제품 은수저는 손으로 직접 제작한 것이라 자연스럽고 미학적이며 희소성 때문에 값도 비싸서 소유자의 명성을 높여 준다.

명장의 수제품은 기계제품처럼 완벽하지 않다. 그보다는 불규칙하고 불완전한 파격의 미학을 보인다. 그런 만큼 자연미가 높다는 평가를 받는다. 기계로 만든 완전성보다는 인간적 불완전성이 미적 감각을 높인다. 예컨대 방짜유기장方字 鍮器匠에서 두들겨 만든 놋쇠그릇은 불완전한 원圓의 형태이나 장인의 숨결이 배어 있다는 점에서 값도 비싸고 희소한 제품으로 소유자의 명성을 높여준다.

베블런은 수공업 제품의 자연스러움에서 드러나는 결함 (the defective)에 주목한다. 과시적 낭비의 원리에서 형성된 미학적 규범은 자연스러운 결함이 드러나고 투박하게(crudity) 제작된 듯한 물건이나 전통적 명장의 수제품을 더 탁월하게 여기도록 만들었다. 결함으로 드러나는 자연스러움, 값비싸고 아름다운 제품의 미학은 소비자의 선호체계에서 우월한 효용성(a superior utility)을 지니게 되었다.

수제품을 만드는 데는 기계제품보다 엄청난 시간과 노력이 요구된다. 실용적 차원에서 수제품에 들인 노동의 낭비를 부인하기는 어렵다. 여기서 노동과 시간이 쓸데없이 낭비되지 않는 제품은 도태된다는 명제가 역설적으로 성립한다. 강하고, 완전하고, 결함이 없고 실용적인 제품은 과시적 소비사회에서 도태당한다. 다시 말해 비싸서 아름답고, 노동이 낭비되고, 불완전한 결함을 가진 제품만이 과시적 낭비사회에서 선택받아 적자생존하게 된다는 것이다.

1970년대 자하비Amotz Zahavi는 핸디캡이론을 제기하여[9] 수제품의 결함, 비효율성과 낭비의 약점이 오히려 적자생존에 기여한다는 역설을 보여 주었다.

부채 모양의 화려한 수컷 공작의 꼬리 깃털은 적을 만나면 재빨리 도망치기에는 너무나 거추장스러운 핸디캡에 속한다. 오래전에 재빠른 포식자에게 먹혀서 도태돼야 마땅했던 수컷 공작이 아직도 적자생존에 성공해서 번창하고 있는 까닭은 무엇일까?

암컷은 수컷의 전체 형질과는 관계없이 화려한 깃털과 같은 한 가지 특성에 집중한다. 화려한 깃털의 수컷공작만이 암놈에게 성적으로 선택받는다. 수컷 자신은 포식자에게 쉽사리 먹히더라도 암놈의 성적 구애를 통해 화려한 깃털을 가진 수컷의 새끼가 지속적으로 잉태된다는 것이다.

공작의 꼬리깃털, 큰 사슴의 거대한 뿔, 여성의 커다란 유방 등 화려한 핸디캡에서 우월한 효용성이 실제로 발휘된다. 강한 인상을 심어 주려는 본능적 행동과 과시적 소비는 낭비적이고 비효율적인 까닭에 오히려 자본주의 소비문화에서 선택받아 생존을 누리고 번창한다는 역설이 성립한다.

아름답고 값비싼 수공업 제품의 결함이 진정한 유용성을 발휘하는 까닭도 핸디캡이론에 적용할 수 있다는 점에서 또다시 베블런의 날카로운 관찰과 진화적 통찰력을 엿본다.

현대 상류층의 '눈에 띄지 않는(unconspicuous)' 과시적 소비

부자들이라고 항상 수컷 공작처럼 과시적 행동으로 남의 시선을 끌려고만 하지는 않는다. 남의 눈에 쉽게 뜨인다는 것은 중류계층의 모방을 경쟁적으로 자극하여 차별화를 희석시키거나, 사회풍자가와 자선 모금가, 심지어 유괴범의 표적이 되기도 하고, 이웃의 적개심을 불러일으킬 소지도 많다. 부자들은 자기가 태어난 시골로 금의환향해서는 과시적 행동을 해도 괜찮지만 도심으로 돌아가면 현명하게도 눈에 띄지 않는 소비를 해야 한다.

진짜 부자들은 세계의 명품을 감상하고 예술적 안목을 키우는 문화자본을 길러야 한다. 자칫하면 상류계층의 틈바구니에서 벼락부자나 촌뜨기 시골부자 취급을 당하기가 일쑤이다.

현대판 부자들은 베블런의 과시적 소비가 아니라 눈에 띄지 않는 소비를 신중하게 즐긴다. 부자는 부자를 알아보는 법이다. 진짜 부자들은 졸부나 중류계층이 감히 흉내조차 못낼 정도로 은밀하게 암호를 만들어 자기네들끼리만 통한다. 암호를 해독하기 위해서는 서로의 의상에서 디자인, 단추, 옷깃 모양새 하나만 보고서도 세계적 브랜드의 옷이라는 것을 알아채는 높은 안목이 있어야 한다. 부자들의 세계는 은밀한 암호로 끼리끼리 짝짓기를 하는 동물의 세계와 다를 바 없는 것이다.

그녀는 선글라스가 어떤 브랜드인지 알아볼 수 있는 최소한의 거리와 가격은 그것을 낀 사람의 신분과 직접적인 관계가 있다고 했다. 베르사체는 10여 미터 떨어진 거리에서도 알아볼 수 있지만 구찌는 5미터쯤 접근해야 알아볼 수 있는데 그러므로 구찌가 더 비싼 제품이라는 것이다 …… 선글라스 가운데 최고품은 어떤 것이냐고 물어보았다. 그녀의 말에 따르면 까르띠에 선글라스라고 한다. 까르띠에 선글라스는 어떻게 알아보느냐고 물어봤더니 테에 새겨진 작은 'C'자로 알아본다고 한다.[10]

값비싼 명품 브랜드일수록 꼭꼭 숨는다. 암호를 찾기 위해서는 탁월한 감식안과 고도로 훈련된 안목이 필요하니 돈만 많다고 유한계층이 되기란 쉽지가 않다.

유한계급에 흐르는 야만문화

사회발전의 퇴행과 진보

베블런의 제도는 관습화된 상징체계로서 인간의 사고와 습관, 정신적 태도, 생활양식, 사물을 보는 관점과 패러다임을 지배한다. 인간의 능동적 사고와 행동 역시 제도 변화에 지배적 영향을 미친다.

인간 개체와 사회, 제도는 서로 영향을 주고받으면서 복합적으로 진화하고(共進化, coevolution), 인간생활에 적합한 환경을 만들어 내기도 한다. 다시 변화된 환경은 새로운 제도를 선택하고 인간 또한 사고습관이나 행동양식을 여기에 맞춰 적응해 나간다.

오늘의 사례로 보면, 정보혁명으로 아날로그 환경이 디지

털로 변화하면 개인과 사회의 사고습관과 생활양식도 새롭게 적응해야 하며 그렇지 못한 인간은 자연선택 과정에서 도태당할 수밖에 없다. 디지털 환경에 적합한 제도의 형성은 개인과 사회를 새로운 관계망으로 이끌게 된다. 인터넷 혁명과 네티즌의 폭발적인 참여는 새로운 민주주의라는 환경을 만들어 낸다.

베블런은 말한다. 제도가 발전하면 사회도 발전한다. 제도는 실질적으로 개인과 사회(community)의 특별한 관계와 기능을 지배하는 사고습관이라 할 수 있다. 인터넷 환경에 적합하게 제도와 사고습관이 바뀌고 새로운 관점과 패러다임이 생겨나면 사회도 발전할 수밖에 없는 것이다.

어제의 제도는 어제까지의 환경에 적응한 결과이기 때문에 오늘에 맞지 않는다. 과거의 제도는 현재 상황과 맞지 않기 때문에 새로운 적응과정을 밟아야 한다. 어제의 제도는 오늘에 부적응한 것이기 때문에 새롭게 적응해야 하는 변화 과정을 끝없이 계속할 수밖에 없다. 그런데 사람들의 사고습관, 관습, 정신적 태도와 성향 등은 계속 지속하려는 관성을 갖는다.

오늘의 상황은 남자들(men)의 습관적 견해에 영향을 끼치면서 과거로부터 전승된 관점이나 정신적 태도를 변경 또는 강화시키는 선택적인 강압과정을 통해서 내일의 제도를 규정한다.

베블런은 남자(man)라는 단어를 즐겨 사용한다. 내심 남자를 폭력과 야만문화로 상징하고 여자를 약자, 모성, 근원 등의 이미지로 표현하고 있지는 않을까. 어쨌든 남자들의 사고습관은 여전히 사회를 지배하고 있으며 끊임없이 유전인자를 보존하고 계승하려 든다. 그런데 어제의 제도를 계속 유지시키려 할 때 사회는 퇴행하고 보수화된다.

부유한 계급 또한 마찬가지다. 인터넷 환경의 변화는 물론 새로운 사고습관과 관점이 바뀌는 것도 원하지 않는다. 심심하면 자신의 호화로운 저택이 마치 범죄인 양 인터넷 화면에 떠돌아다니고, 수많은 비난의 댓글이 올라오는 것을 좋아할 리 만무하다.

유한계급은 어제가 좋다. "현재 존재하는 것은 모두 옳기" 때문에 변화하는 것이 싫다. 굳이 자신들의 사고습관을 바꿔야 할 정도로 강제적인 환경변화에 노출되어 있지도 않다. 자신은 이미 성공하여 명성을 얻고 있기 때문에 새로운 사고습관과 관점이 도입되면 자신에게 좋을 것이 하나도 없다. 그러나 하류계급에게 "현재 존재하는 것은 모두 그렇지는 않지만 일단 틀린 것이다." 내일에 내일의 태양이 떠오르면 오늘에 생존했던 모든 상황은 다시 내일에 맞춰 재적응해야 하기 때문이다.

진보로 가는 길은 느리고 더디지만 퇴행으로 되돌아가는

길은 쉽고 빠르다고 베블런은 지적한다. 새로워서 낯설기만 한 생각으로 가는 진보의 길은 힘들지만, 오래 익숙했던 습관을 갖고 과거 출발점으로 역행하는 퇴보는 쉽다. 유한계층의 본성은 보수적이고 역행적일 수밖에 없다.

베블런은 사회의 제도 변화에서 경제적 성질을 중요시하여, 두 개의 제도(사고습관, 생활양식, 관점 등)가 서로 팽팽하게 맞서는 것으로 포착한다. 이미 언급한 것처럼 베블런의 이분법은 산업(industry)과 영리(business)로 나타난다.

산업과 영리계층, 두 계층의 사고습관

영리계층은 금전적 이득을 추구하는 약탈조직으로서 생산과정에 참여하지 않으면서 소유에 몰두하는 부류의 사고방식과 연결되어 있다. 이런 범주에는 기업 총수(captain of industry), 기득권 계층, 부재소유자, 이득 획득에만 정신을 쏟는 기생적 계층, 투기사업가가 들어 있고, 심지어 유년시절에 베블런의 기억 속에 박혔던 악덕 변호사, 계약의 강제집행 등 착취를 용이하게 하는 각종 법령까지도 포함된다.

산업계층은 물질적인 개선과 생산증대를 목적으로 생산과정에 참여하는 계층으로서 제작본능을 발휘한다. 베블런이 인간의 근원적인 제작본능과 새로운 사고습관으로 사회진보의 주역이라 생각했던 제작기술자, 발명가, 숙련노동자들이 여기에 속한다.

　돈 벌고 이윤만을 획득하는 기업가와, 재화를 생산하고 상품 만드는 데 전념하는 기술자 엔지니어의 관계는 역시 서로 대립한다.

　유한계급으로서 기업가는 기술자의 상품생산에 기여하는 것이 아니라 상품의 정규적 흐름을 방해하여 가치를 변동시키고 혼란에 빠뜨림으로써 이윤을 거둬들인다. 기술자는 질 좋고 값싼 제품을 연구하려는 호기심과 제작본능으로 생산효율을 높이고 사회적 공급과 물질적 복지를 늘리게 된다. 하지만 기업가는 생산을 의도적으로 제한하거나 중단시키는 사보타주로 이득을 챙긴다. 특히 독점자본주의 단계에서 생산량은 완전히 제한받아 생산·물질적 복지는 줄어들고 값비싼 독점가격이 형성되는 것이다. 베블런은 이러한 기업가의 영리행태를 '생산효율에서 양심의 철회(conscientious withdrawal of efficiency)'라고 불렀다.

　경제적 과정에서 산업 활동에 전혀 참여하지 않는 유한계급은 금전적 관계, 즉 생산관계가 아니라 취득관계, 그리고 봉사관계가 아닌 착취관계로 자본주의를 구성한다고 베블런은 지적한다.

　베블런은 자본주의를 영리기업(business enterprise)에 의한 산업(industry)의 지배와 소유체제로 파악하였다. 좀 더 깊게는 자본주의 사회는 기업가의 영리와 약탈본능이 산업의 제작본능을 억제 또는 오염시키는 체제였다. 몇 번 언급하였지만, 베블런은 인간의 제작본능이 어떻게든 자기증식과 운동에너지를 가지고 끊임없이 발현될 수 있도록 사회제도가 만들어져야 한다고 생각하였다. 새로운 사회는 산업의 제작본능과 사고습관이 주도적으로 발현되는 '제도' 형성을 근간으로 한다.

산업 기술자와 영리기업의 유한계급은 정신적 태도와 관점에서 서로 다른 특징을 지닌다. 산업계층은 인간존재에 적합한 경제재(economic goods)를 획득하고자 수동적 환경에 적극적인 변화를 가하지만, 유한계층은 다른 인간을 지배함으로써 사회적 지위와 경제재를 획득한다는 차이를 갖는다. 유한계층은 사람을 조작하고 산업계층은 사물을 다룬다. 유한계급과 산업계층 간의 사고습관과 관점은 사람을 착취하고 사물을 다루는 것(exploiting people and manipulating things)에서 결정적 차이가 발생한다.[11]

산업계층이 항상 가까이 하는 기계과정은 신과 사물, 인간을 서로 혼동하는 미신적인 의인관擬人觀(anthropomorphic)의 사고습관을 내던져 버리도록 한다. 기계는 인간한테 사실상의 내용(matter-of-fact)에 입각해서 생각하도록 하며, 정확하고 측정가능하며 미신과 애니미즘에서 벗어난 관점에서 세상을 보도록 만든다.

베블런은 마르크스처럼 생산수단을 가진 자와 못 가진 자, 즉 노동자와 자본가 대신에 기업가와 엔지니어로 사회를 구분하고, 사고습관의 형성에는 기계과정 또는 기술제도 (technological institution)와 의례주의(ceremonial institution)를 대립시킨다.

유한계층의 의례주의는 당연히 계보학적으로 야만문화의 유전인자가 격세유전隔世遺傳하면서 이윤 획득과 약탈, 폭력과 속임수, 전통과 권위 의존, 터부와 미신 등의 의례형식에 의존하여 사회를 끊임없이 보수화시키고 퇴행시키려는 사고습관이다.

유한계급의 야만문화: 스포츠, 도박, 행운, 애니미즘

베블런은 유한계급의 과시적 낭비행태에 이어 산업계층과 대비되는 낡은 사고습관과 야만문화의 잔존물을 마음껏 파헤쳤다.

야만시대의 정신상태로 역행하는 일은 언제나 쉽다. 왜냐하면 인간 본성은 아직도 실질적으로 야만적이기 때문이다. 야만생활의 규율은, 선택과 적응 속에서, 모든 인류 생활사의 문화 단계에서 지금껏 가장 오래 지속되어 왔고 앞으로도 가장 오래 존

재할 것이다.[12]

유한계급 귀족들은 약탈시대의 호전적 유전인자를 보존하고 한술 더 떠서 그것을 바이러스처럼 퍼뜨린다. 그들은 낡은 전통을 보존하고 강화함으로써 유한계급의 혈통을 이식받지 않은 다른 계급들의 지배적 인간 유형까지 보수적으로 이끈다.

고대의 호전적 기질은 격투기와 스포츠를 즐기는 남자들에게서도 언제나 볼 수 있다. 베블런이 말하는 스포츠 정신은 약탈적인 경쟁을 조장하는 고대의 정신구조에서 발생한다. 유한계급의 대열에 진입하려는 사람이라면 누구나 스포츠를 즐길 줄 알아야 한다. 그래서 노동을 면제받을 정도로 충분히 부를 축적한 산업사회에서 스포츠와 스포츠 감정은 급속히 발전하는 것이다.

유한계급의 신사가 들고 다니는 지팡이는 노동하지 않아도 되는 계층을 상징하며, 언제든 무기로 사용할 수 있기 때문에 야만적 남자들의 절실한 욕구를 만족시켜 준다.

도박성향은 약탈적 인간에만 전형적으로 나타난다. 도박에서 행운에 대한 믿음은 애니미즘과 함께 오래전부터 야만문화에 유전되어 온 특성이다. 유한계급의 정령 숭배적 애니미즘은 산업계층의 기술적 사고관습에서 보이는 것처럼 사실에 근거한 인과관계나 정확한 예측성과 대립한다.

행운과 믿음, 우연성에 의존하는 정신적 태도는 하다못해 교회에서도 나타난다. 자선기금을 마련하기 위해 판매 티켓을 뽑아 경품을 주는 행운권 추첨(raffle)이 대표적이다. 게다가 각종 종교 의례는 신분체제를 대표하는 사고습관을 더욱 활성화한다고 베블런은 비꼬고 있다.

유한계급의 사고습관은 고대의 호전적 정신구조와 약탈적 야만문화 속에서 유전되어 사회를 과거 퇴행적이고 보수적으로 만드는 지배 유형이다. 사회를 진보시키기 위해서는 어떻게 해야 할까. 베블런의 사회발전 프로젝트는 산업계층의 관점에 근거하는 사고습관과 제도를 주도적으로 이끄는 데 있었다. 베블런이 기술자 엔지니어, 산업계층과 제작본능에서 해답을 찾으려 했던 것은 당연한 일이었다. 그는 새로운 세계를 꿈꾸고 기술자와 전문인 시대가 오기를 간절히 기다렸다. 이런 취지에서 베블런은 기술자 연맹을 구상하기도 했지만 별로 주목받지 못하였다.

현대사회는 베블런이 예견했던 대로 기술과 과학을 중요 동력으로 삼아 움직이고 있다. 상층부에는 여전히 약탈적인 야만문화의 유한계층과 영리기업인들이 거대한 독점법인, 교묘한 금융구조, 신용카드, 광고와 마케팅, 금융을 만들어 수탈체계를 조용하고 평화롭게 진행하면서 말이다. 물론 베블런이 또 다른 저서에서 언급했던 것처럼 제국주의는 유한 계급의 호전적 기질이 확장된 애국심과 국수주의에 힘입어 전쟁(1919년의 제1차세계대전)으로 비약되었으며, 이제는 세계화와 신자유주의라는 미명 아래 세계로 지배의 손길을 뻗고 있다. 여기에 인터넷과 디지털의 첨단기술 문명이 다리를 놓았음은 베블런의 아이러니라 아니할 수 없다.

유한계급과 현대 소비사회, 그리고 대학

내 안의 유한계급과 나르시시즘

인간은 최초로 대지(Erde)의 한 부분을 점취하여 땀 흘리고 노동하면서 수확의 기쁨을 누릴 때 자기 존재감을 확인하였으리라. 노동행위와 도구의 효율성을 칭찬하고 뭔가를 창조하고 만들어 내는 제작본능은 인간을 가장 인간답게 만드는 존재론적 가치를 지닌다.

유한계급의 비극은 바로 존재론에서 시작한다. 노동의 면제를 특권으로 부여받은 유한계급은 어디에서 자기 정체성을 확인할 수 있을까. 노동의 부재는 곧 존재에 대한 결핍으로 이어진다. 유한계급은 사치와 쾌락, 과시적 낭비 속에서 결핍된 자아를 보충한다. 포스트모더니즘에서는 명품을 찾고 사치를 해 대는 소비행위를 '실체 없는 이미지 숭배와 주체성이 상실돼 가는 기호(code)의 난무'로 파악하여 허무주의를 보이기도 한다.

베블런은 유한계급의 계보를 고대 야만문화와 호전적 기질에서 찾았다. 이에 반해 프로이트는 유한계급의 과시적 낭비를 자아형성에 실패한 인간이 유아기의 항문단계로 퇴행하여 쾌락을 추구하는 행위로 보았다. 프로이트가 설정한 인간의 두 가지 본능 또한 베블런의 이분법과 무관하지 않다.

프로이트에서 본능의 양극성(polarity)은 에로스(Eros, 생명충동)와 타나토스(Thanatos, 죽음충동)이다. 프로이트의 설명에 따르면 에로스는 살아 있으나 입자로 흩어진 상태의 물체를 묶어서 복잡한 조직체로 만들어 보존하는 운동을 진행하며, 타나토스는 유기적 생명체를 무생물로 되돌리는 과제를 맡고 있다. 다시 말해 에로스는 자기보존의 성적 충동이며 타나토스는 자기 파괴와 해체이며 외부로 향하는 공격성향을 갖는다. 어린이가 레고 장난감으로 집을 짓다가도 이내 해체하고 다시 짓다가 부숴버리고 벽에다 던져서 억압과 불만을 외부로 투사하는 공격성향도 본능의 양극성에 속할 것이다.

에로스는 생성과 보존이며 타나토스는 파괴와 해체로 요약된다. 갬즈J. S. Gambs는 인간의 본성을 구성적 성향과 파괴적 성향(constructive and destructive tendencies)으로 구분하고 이를 프로이트의 에로스와 타나토스에 대비시켰다. 당연히 베블런의 제작본능은 구성적 성향과 에로스로 연결되고, 포틀래치의 낭비적 파괴와 유한계급의 과시적 행태는 파괴적 성향과 타나토스로 이어진다.

생명충동과 죽음충동, 생성과 해체, 구성과 파괴의 양극 본능은 동전의 양면처럼 우리 안에 내재하여 유전되고 있으며 제작본능과 약탈 과시적 본능 역시 함께하고 있다. 유한계급은 약탈 과시적 본능이 보다 더 강력한 유전자를 가지고 습관화된 사고 속에서 외면화된 발현체라 볼 수 있다.

우리들의 본능은 매우 복잡하고 실타래처럼 얽혀 있다. 서로 상반된 두 개의 본능, 예를 들어 우리 안에 내재된 생성충동과 파괴충동, 그리고 제작본능과 금전적 약탈본능의 양극성은 사회가 얼마나 제도의 사고습관, 규범, 관점을 바꾸어 성숙한 단계로 진입하느냐에 따라 서로 다른 비중의 크기로 드러나게 된다.

그런 점에서 프로이트의 전쟁 예방책은 일정한 메시지를 준다. "인간의 전쟁 행위가 곧 파괴적 행동이라면 그 반대의 충동, 즉 에로스를 불러일으키면 된다. 인간과 인간 사이의 감정과 마음의 유대감을 만들면 모든 전쟁을 막게 될 것이다"라며 지성과 문화를 발전시켜서 타나토스의 파괴·공격적 본능에 덜 이끌리도록 만들라고 충고한다. 아울러 타인에 대한 파괴적 충동을 자신에게 투사하여 보다 긍정적 에너지로 승화시켜야 한다고 주장하였다.

두 가지 본능은 양극화되고 분열(splitting)돼서는 안 된다. 서로 통합된 가운데 부정적인 타나토스는 억제되고 에로스는 긍정적 생성과 창조, 제작본능으로 나갈 수 있어야 한다. 그러나 풍요로운 소비사회에 들어와서 자신의 존재 확인을 위한 낭비적 파괴행위는 더욱 팽창하고, 현대인은 자기중심성, 질투, 시기심, 자기도취, 타인과의 공감 결여, 자만, 속임수 등으로 자기를 확장하는 병리적 나르시시즘narcissism에 빠지게 되었다. 메슈트로비치Stjepan Mestrovic는 상승 지향의 사회에서 유한계급을 사회문화적으로 나르시시즘에 도취된 유형으로 파악한다.[13]

현대사회에서 나르시시즘은 꼭 유한계급에만 한정되지 않는다. 미국의 역사학자 래시Christopher Lasch는 『나르시시즘의 문화』에서 1970년대 미국사회의 사회현상을 나르시시즘이라고 규정하고, 일찌감치 소비주의가 뿌리내린 결과 젊은이들이 덧없는 쾌락과 하찮은 가치 추구로 빠져 들고 있다고 지적하였다. 소비의 쾌락뿐 아니라 미국의 패권주의가 세계를 최고선과 악의 축으로 구분하는 이분법도 공격·파괴적인 나르시시즘의 전형이라 볼 수 있다.

베블런은 말년에 약간의 신경분열 증세를 앓았던 것으로

보인다. 신경증세는 니체처럼 유명한 천재들이 공통적으로 보였던 심리 현상이다. 베블런에게서 양극의 자아분열은 외부세계에 투사되어 사회계층을 산업과 영리계층, 기술자와 유한계급으로 이분화하고 도식화하는 데 기여하지 않았을까.

신경증세를 앓았던 사람에게 요구되는 심리 치유법은 분열된 자아의 통합이다. 자기 우월성과 타인에 대한 적대적 이분법에서, 인간은 좋은 점과 나쁜 점, 선과 악이 혼재되어 있는 이기적이면서도 이타적 존재라는 점을 인정하는 통합형으로 성숙해야 한다는 것이다.

오늘날 베블런의 이분화된 사회계층은 현실적으로 커다란 타당성을 갖지 못한다. 베블런이 신앙처럼 믿었던 기술자, 전문가, 노동자가 금전문화에 젖어 있는 데 반해 영리기업의 CEO는 비전과 자아를 성취하고 새로운 것에 도전하려는 성향을 갖는다. 또한 전문가는 끊임없이 연구하고 기업을 세워 물질적 복지를 늘리고, 기업인은 그들대로 기부와 사회 환원으로 다른 차원의 명성을 얻으려 한다. 분열된 이분법의 도식으로 현대자본주의 사회를 결코 분석할 수는 없다는 말이다. 그러나 풍요로운 현대사회에서 베블런이 비난했던 과시 소비와 금전문화의 파괴적인 해체 성향이 점점 지배적인 모습으로 등장하고 있음은 결코 부정할 수 없으리라.

현대 소비사회에서 포틀래치의 낭비행위를 통해 자신의

존재를 확인하려는 퇴행과 보수적 행태는 점점 가속화되고 있다. 주체 상실의 시대에서 과시적 소비행태는 더 이상 유한계급만의 존재론적 행위가 아니다. 모든 사람들이 상품의 기호 이미지를 과시적으로 소비하면서 존재감을 허구적으로 확인하고 자신도 모르게 타나토스와 병리적 나르시시즘의 길을 걸으며 타인을 좇아가고 있는지도 모른다. 일찍이 베블런의 영향을 받았던 리스먼David Riesman은『고독한 군중』에서 현대인을 타인처럼 되기를 원하는 '타인 지향형(other-directness)'이라 불렀다. 타자를 모방하고 좇으며 자신의 소외와 불안을 애써 외면하려는 고독한 군중들이 현대사회의 군상이다.

경쟁적 모방과 사회적 안정장치

베블런이 소비사회에서 파악했던 사회 안정이론으로 보면 자본가와 노동자의 두 계층이 적대적으로 대립하여 사회를 파괴하지 않았던 것도 결국 경쟁적 모방(emulation)에 따른 인간행동의 결과였다.

유한계급은 과시적 소비 과정에서 하류계급의 소득과 가용 에너지를 소진시키고 사고습관을 전파함으로써 하류계급을 보수화시켜 나간다. 상대적 궁핍감과 박탈감이 사회 개혁의 주도세력을 무력화시키는 요인이 된다고 베블런은 분석한다.

하층계급은 상층계급에 칼을 겨누지 않는다. 오히려 경쟁적인 모방 속에서 튼튼한 줄을 타고 상층의 사회적 지위에 올라서려 한다.

하층계급이 상층에 오르려는 모방경쟁은 마치 연어가 폭포를 거꾸로 타고 올라가려는 모습과 비슷하다. 하류계층처럼 연어는 상층에서 유행하는 사치품, 명품 등의 과시적 소비행태를 떨어지는 폭포수로 삼아서 타고 올라간다. 사회적 위계질서의 꼭대기에서 아래로 유행이 전파되는 것을 트리클 다운trickle down(滴下)이라 부를 수 있다. 윗물이 아래로 넘쳐흐르는 효과를 말한다. 트리클 다운 속에서 하류계층은 과시적 소비와 더불어 상류계층의 소비행태, 라이프스타일을 모방하여 사회적 계층의 이동을 꾀하는 것이다. 물론 베블런의 경쟁적 소비모방에 이견을 제기하여 상층계층이 하류계층의 청바지 등을 모방하는 트리클 업trickle up의 효과를 제기하는 사람도 있다.

진화생물학자 리처드 도킨스Richard Dawkins가 『이기적 유전자』에서 가설로 제시했던 문화적 모방유전자 밈MEME에는, 일찍이 베블런이 제기했던 경쟁적 모방의 개념이 들어 있다. 문화적 모방의 유전인자는 선택과 도태의 적자생존 과정에서 살아남아 인간의 사회 행동을 좌우한다.

베블런의 사회 안정화 조건은 상류, 중류, 하류계층이 경쟁적 모방을 할 수 있을 정도로 지속적인 소득이 보장되고 열심히 노동할 수 있는 의욕이 존재할 때 성립한다. 하류는 중류계층을, 중류는 상류계층을 모방하며 사회적 지위의 이동이 이뤄진다. 그러나 이런 조건이 충족되지 못하면 계층 간의 이동은 차단되고 사회는 불안정하게 된다.

　　소득의 양극화 현상이 극심할 경우에 중산층은 엷어진다. 중산층의 소득이 감소하고, 자신이 중산층이 아니라는 열등의식이 형성되면 사회는 상류계층과 하류계층으로 극단화되어 모래시계처럼 양끝이 서로 대치하는 불안한 형국을 보이게 된다.

　　한국사회와 비슷한 사회구조를 보이고 있는 일본은 하류사회가 빠르게 진행되고 있다. 실업과 비정규직, 아르바이트 생계 등의 특징을 보이는 중하류 계층(Lower-Middle Class: 중류의 하층)이 전체 인구의 80%를 차지한다. 상대적으로 IT산업 등 부유한 중상류(Upper-Middle) 계층도 빠르게 증가하고 있어서 M자 형태로 빈부의 양극화를 보인다. 미우라 아츠시는 『하류사회』에서 아무리 일을 해도 부자가 될 수 없는 가난한 하류사회는 마침내 중상류사회로 이동하려는 유동성을 포기하고 계층적으로 고착화되는 자폐현상마저 보인다고 지적한다. 하류사회의 새로운 생활양식과 소비행태도 "옷 입는 패션은 내 방식대로"[14] 할 뿐이다. 중하류계층은 더 이상 중상류 계층을 모방할 에너지와 의욕도 갖지 못한다는 게 그의 진단이다.

사회구조의 양극화는 두 개의 인간본성─경쟁심과 제작본능─을 통합하기보다는 대립적 분열(splitting)로 진행시킬 우려가 많다. 경쟁적 소비모방의 폭포를 타고 지위상승을 꾀하려는 의욕이 포기된 자리에, 종전의 상승의욕은 자기비하로, 선망과 부러움은 적대적 증오로 바뀌게 된다.

현대사회에서 베블런의 소비모방 안정론이 더 이상 작동하지 않을 경우, 양극으로 고착화된 사회계층은 대립적 갈등으로 충돌하고, 유기적 생성과 통합의 에로스는 억압된 채로 파괴적 타나토스만 고삐 풀리지 않을까 우려될 뿐이다.

대학의 아카데미즘과 비즈니스

베블런은 카네기가 세웠던 시카고 대학에서 금전문화에 오염된 제작본능을 경험하였다. 우선 베블런은 대학의 고등학문을 유한계급에게 우월성을 부여하는 또 하나의 문화자본과 의례(ceremony)로 파악한다. 학사모와 가운을 착용하는 관행은 귀족문화의 혈통과 유전인자를 계승하는 특징을 나타낸다.

대학은 유한계급의 품격과 교양, 명예와 차별적 비교를 결정짓는 고등학문 기관이었다. 명문대학에서 성행하는 대학 스포츠 역시 야만적인 약탈기질을 품격 있게 보존하는 장치였다.

베블런은 유한계급의 열망을 대변하는 대학은 어쩔 수 없이 보수적일 수밖에 없다고 비난한다. 당시에는 바깥에서 인정받은 지식이 마지못해 대학으로 들어와 권장될 정도였다.

오늘날 대학은 대중화되어 유니버시티에서 멀티버시티 multiversity로 나가는 추세이다. 하지만 대학은 여전히 명문과 비명문의 잣대 속에서 유한계층이 우월한 문화자본, 즉 학위증, 대학브랜드의 학연을 통해 끼리끼리의 문화를 끊임없이 재생산하는 구별 짓기의 공장이라고 볼 수 있다.

베블런이 고등학문에서 진정으로 원했던 것은 무엇이었을까. 대학이 금전문화에 휩쓸리지 않고 게으른 지적 호기심을 충족시키고 창조와 제작본능을 일깨우는 공간이어야 함은, 굳이 그가 『유한계급론』에서 지적하지 않더라도 우리는 충분히 읽어낼 수 있으리라.

3부

본문

The Theory
of the
Leisure Class

『유한계급론』에는 베블런의 학문적 주제가 압축되어 있다. 뒤 이어 나온 저서와 논문들은 기업이론, 제작본능, 노동에 대한 혐오, 기술자와 가격체계, 제국주의와 전쟁 등 이를 구체화하고 발전시키는 데 주안점을 두었다.

베블런의 『유한계급론』은 서론을 포함하여 14장으로 구성되어 있다. 그중에서 사람들에게 가장 익숙하고 관심을 모았던 장은 뭐니 해도 과시적 여가와 소비, 경쟁모방이다. 그러나 이에 못지않게 진화경제학과 제도의 성장, 제작본능과 금전적 약탈에 관한 것도 베블런이 큰 비중으로 다룬 내용이다. 지금까지 학계의 관심은 아쉽게도 이런 핵심내용보다는 사회문화적 차원에서 다룬 과시적 소비의 풍자적 대목에만 치중해 왔다.

『유한계급론』은 까다로운 베블런의 성격만큼이나 난문으로 이루어져 있고 그 자신의 속을 드러내 보이지 않으려는 듯한 문장구조로 해독마저 요구하는 책이다. 그래서 베블런은 사후에도 역자들의 애를 먹이는 독특한 학자다. 이제 『유한계급론』 14장의 핵심적 내용을 옮겨서 연결해 본다.

일러두기
본문에서 괄호 안의 면수 표시는 *The Theory of the Leisure Class*(Thorstein Veblen, A Mentor Book: The New American Library, 1953)에 근거한 것이다. 필요에 따라 내용을 부연 설명하기도 하였다. 본문의 소주제는 편의를 위해 임의로 뽑았다.

서론: 유한계급의 기원

　유한계급의 제도가 최고로 발달된 사례는 봉건시대 유럽이나 일본처럼 야만문화가 한층 고도화된 단계에서 발견된다. 유한계급 사회에서 계급 간의 구별은 매우 엄격히 지켜졌으며, 이들 계급간의 차이를 가장 뚜렷이 했던 경제적 특징은 각 계급이 고유하게 수행하는 직업에 있었다. 상류계급은 관습적으로 생산 활동에서 배제되거나 면제받았고 어느 정도 명예가 따르는 특정 직업을 차지하였다. 모든 봉건사회에서 가장 명예로운 직업은 전사와 성직자 순이었다.

　전사와 성직자 같은 상류계급은 생산 활동을 면제받는다는 원칙이 대체로 지배하였고, 그러한 면제는 우월한 신분을 나타내는 경제적 표시가 되었다. 좋은 사례로써 인도의 브라만 계급은 생산 활동을 면제받았다.

대개 귀족과 성직자로 구성되는 유한계급은 많은 시종들을 거느린다. 이들 계급은 신분에 따라 다양한 직분職分을 맡고 있었고 모두가 비생산적이라는 경제적 특징을 보였다. 비생산적인 상류계층의 유한계급은 정치, 전쟁, 종교의례, 스포츠 같은 활동에 몰려 있었다.(p.21)

유한계급 제도가 출현하기 위한 필요조건

신분에 따른 분업은 야만문화가 한층 발달한 곳에서 출현하며 노동계급과 유한계급의 차별도 현저하게 두드러졌다. 이렇게 직분에 따라 종사하는 일이 다양하고 전문화되면서 생산적 직업과 비생산적 직업을 가르는 경계선도 그어지기 시작했다.

야만문화의 수준이 아직 덜 발달한 단계에서는 직업에 대한 분화도 덜 정교하고 계급과 직업 간의 부당한 차별도 그다지 철저하거나 엄격하지 않았다. 몇 가지 사례를 볼 때, 원시적 미개 상태의 집단에는 유한계급도 존재하지 않았다. 유한계급의 제도가 의존하는 아니무스animus 또는 정신적 태도가 없었다는 점에서 미개사회는 야만사회와 크게 구별된다. 이런 문화단계를 보여주는 훌륭한 사례로 뱅골만의 안다만Andaman 제도에 사는 부족이나 인도 남부의 닐기리Nilgiri 고

원지대에 사는 토다Toda족을 들 수 있다. 이들은 유럽인과 처음 조우했을 당시 유한계급이 없이 생활양식을 유지하였다는 점에서 전형적 사례를 보여준다.

발전단계가 낮은 사회의 관습과 문화적 특징을 살펴보면, 유한계급의 제도는 원시적인 미개사회가 야만사회로 이행하는 과도기, 좀 더 정확히는 평화스러운 생활습관부터 철저한 호전적 생활습관에 이르는 동안 서서히 출현하였다.

유한계급의 제도가 일관된 형태로 출현하기 위한 필요조건은 다음과 같다.

(1) 공동체에 약탈적 생활습관(적이나 대형동물 사냥 또는 두 가지 모두)이 존재해야 한다. 말하자면 초기 유한계급의 구성원을 이루는 남자들은 폭력과 술책에 익숙해져야 한다는 것이다.

(2) 공동체의 상당수가 일상노동에서 면제되도록 생활 자료를 충분히 구할 수 있어야 한다. 유한계급의 제도는 일찍이 가치 있는 직업과 가치 없는 직업을 차별화시킨 것에서 발생하였다. 이러한 고대적 구분방식에 따르면, 가치 있는 직업은 공훈(exploit)을 획득하느냐의 여부로 분류되고, 가치 없는 직업은 공훈의 성질이란 전혀 없이 일상생활에 필요한 활동과 관련을 맺는다.

야만시대의 관점에 근거하였던 구별방식은 현대경제학에

서 이론적으로 별다른 관심을 끌지 못한다. 하지만 실제 현대 생활에서 보면 틀에 박힌 선입견이 끈기 있게 지속되고 있다. 예를 들어 비천한 직업에 대한 우리들의 습관적 혐오감은 여전하다는 것이다. 직업에 따른 인격적 차별은 사람을 우월한 인간과 열등한 인간으로 구분해 버린다.

영웅처럼 개인의 인격적 힘이 사건의 흐름에 직접적이고 확실한 영향을 미치는 초기단계 문화에서 공훈이라는 요소는 일상생활에서 더욱 중요한 가치를 지닌다. 여러 사실을 바라보는 습관적인 관심이 바뀌면 습관적으로 사실들을 구별하는 근거도 달라진다. 사실들을 구별하는 근거들과, 이들을 분류하는 절차상의 기준은 문화가 발달하면서 점진적으로 변한다. 하지만 기준이나 관점의 변화는 점진적이어서 한번 관점을 받아들이게 되면 뒤집거나 억누르기란 대단히 어렵다.

생산적 직업과 비생산적 직업은 아직도 습관적으로 구별된다. 현대에도 명예로운 일과 비천한 일(drudgery)에 대한 야만시대의 차별화가 변형되어 내려오고 있다.(pp.23-26)

용맹성을 과시하지 못하는 일은 무가치한 것

오늘날 유행하는 암묵적이고 상식적인 구별방식을 살펴보자. 인간의 노력이 비인간적 사물(non-human things)을 이용하여 쓰임새 있도록 만드는 것을 최종 목적으로 할 때 그러한 활동은 생산적인 것으로 간주된다. 이와 달리 인간에 의한 인간의 강제적 이용은 생산적 기능으로 생각되지 않는다. 고전파 경제학에서도 인간이 '자연을 지배하는 힘'을 생산력의 독특한 본질로 가정하고 있다. 그러나 다른 시대에 다른 선입관으로 물든 사람들이 내린 구별방식은 오늘날 우리가 그어 놓은 경계선과 일치하지 않는다.

야만인은 현대적 형태의 감각과 정반대의 모습을 보인다. 세계는 생기 있는 것(animate)과 생기 없는 것(inert things)으로 대항한다. 생기 있는 것이 살아 있는 생명체(living)와 다르다는 것은 굳이 말할 필요도 없다. 폭풍우, 질병, 폭포와 같이 강력한 자연현상들은 생기 있는 것으로 인식되지만, 과일이나 초목, 심지어 파리·구더기·쥐·양과 같이 사람의 눈에 잘 띄지 않는 동물들은 집합적으로 언급되지 않는 한 대개 '생기 있는 것'으로 인정되지 않는다.

애니미즘을 믿는 미개족이나 야만인은 후천적이거나 실제의 습관에 의해 공포를 느끼는 사물을 생기 있는 것으로 파악한다. 생기 있는 것을 다루려면 뭔가 차원이 다른 가공할 만한 정신자세와 수완이 요구된다. 생기 있는 현상을 훌륭히 다루는 일은 생산적이기보다는 공훈과 명예로운 일로 여겨진다. 그것은 근면성이 아니라 용맹성 또는 무용(prowess)의 발휘이다.

생기 있는 것과 생기 없는 것의 소박한 구별을 따라가다 보면 원시사회 집단의 활동은, 현대적 표현으로 명예로운 일(exploit)과 생산활동(industry)이란 두 가지 부류로 분화되는 경향을 갖는다. 만약에 이런 집단이 다른 집단과 적대적 관계에 돌입하면 그 순간에 남녀의 역할분화도 가속화되어 명예로운 일과 생산 활동의 차별화는 더욱 발달된 형태로 나타나게 될 것이다.

사냥꾼으로 구성된 약탈집단에서 전투와 사냥은 남자들의 직무가 된다. 폭력과 지략을 공격적으로 발휘하는 사냥과 전투는 부지런하고 단조롭게 생활필수품을 만드는 여성의 노동과는 확연히 다르다. 용맹성을 과시하지 못하는 어떤 노력도 남성들에게는 가치 없는 일로 여겨진다.(pp.28-29)

무익한 낭비, 무능력, 낭비를 혐오하는 인간의 제작본능

야만사회에서 필연적으로 선택된 남자는 능동적 행위의 주체(agent)가 된다. 남자는 스스로 자신이 드러내는 충동적 활동, 즉 목적론적(teleological) 행위의 핵심주체라고 생각한다. 그는 모든 행위에서 구체적, 객관적, 비개인적(impersonal) 목적의 성취를 추구하는 행위자이다. 목적론적 행위주체자로서 인간은 효과적인 일을 선호하고 쓸데없는 노력을 혐오한다. 그는 유용성과 효율성을 장점으로 생각하고 무익한 노력(futility), 낭비, 무능력을 버려야 할 단점으로 본다. 이러한 경향 또는 성향을 제작본능이라 부를 수 있다. 옛날이나 지금이나 효율성이 습관적으로 비교기준에 되는 곳에서 제작본능은 사람들 사이에 경쟁적 또는 차별적 비교를 조장한다. 개인은 자신의 능력을 증명하여 존경받고 비난을 피해 갈 수 있다. 그 결과로서 제작본능은 힘의 경쟁적 과시로 나타난다.

초기의 평화적인 정착생활이 이루어지고 사유재산 제도가 부재했던 원시사회의 발전단계에서 개인의 능력은 집단생활을 향상시키는 직업에서 과시된다. 경제적 경쟁도 주로 생산의 유용성을 두고 벌이는 것들이었다. 그러다 공동체 사회가 평화적 미개단계에서 약탈적 생활단계로 이행하면 경쟁의 조건도 변화한다.

남자들의 활동은 더욱 공훈의 성격을 띤다. 사냥이나 전사들의 지위를 뚜렷이 하는 차별적 비교가 더욱 용이해지고 습관적으로 되어간다. 전리품처럼 명백한 용맹성의 증거가 핵심적인 장식품이나 장신구가 되어야 한다는 사고습관이 자리 잡는다.

수렵이나 습격의 전리품이 뛰어난 힘의 증거로 평가받는다. 강탈이 아닌 다른 방법으로 재화를 획득하는 일은 가장 훌륭한 신분을 지닌 남자라면 당연히 부끄러워 해야 할 일로 생각된다. 똑같은 이유로 생산적 활동을 하거나 남에게 서비스를 제공하는 일은 멸시받는다. 이리하여 명예로운 일과 강탈행위는 동일시되고 생산적인 노동을 멸시하는 부당한 차별이 발생한다. 노동은 그 자체가 받는 멸시 때문에 따분하고 혐오스러운 특성을 부여받는다.

평화로운 문화가 약탈문화로 이행하는 과정에서 중요한 요인은 기술적 지식의 성장과 도구 활용도에 달려 있다. 약탈문화는 인간을 스스로 가공할 만한 동물로 만들기 전까지는 실제로 등장할 수 없다.

약탈문화는 약탈적 경향, 약탈적 습관과 전통이 누적적으로 성장하면서 점차 생성된 것으로 보인다. 이러한 약탈문화의 성장은 평화적 생활보다는 약탈에 이끌리는 인간본성의 특성, 그리고 약탈적 전통과 행동규범을 발전시키고 보존하려는 집단의 생활환경이 변화함에 따라 성장하기 때문이다.(pp.30-32)

금전적 경쟁

문화의 진화 과정에서 유한계급의 출현과 소유권 제도가 발생하는 시점은 일치한다. 두 제도는 필연적으로 경제력이 동일한 상황에서 나온다. 각각의 초기단계에서 보면 두 제도는 사회구조상으로 볼 때 동일한 일반적 사실들이 (동전의 양면처럼) 다른 양상으로 나온 것에 불과하다.

유한계급과 노동계급의 구별은 초기 야만문화 단계에서 유지된 남자와 여자들의 분업을 기원으로 한다. 이와 비슷하게 소유권의 최초 형태도 공동체의 건장한 남자가 여자를 소유한 데서 나타난다.

여자에 대한 소유권은 원시적인 야만문화에서 여성포로를 노예로 강탈한 것에서 시작한다. 여자를 강탈하여 전유專

有하려는 최초 이유는 전리품으로서 유용했기 때문으로 보인다. 전리품으로서 여자를 적으로부터 강탈하는 관행은 결혼과 소유권 확대를 동일시하는 재산결혼의 형태를 낳았고 이는 남성 중심의 가부장제가 나타나는 결과로 이어졌다.

유한계급과 소유권의 두 제도는 성공한 남자들이 쌓아 놓은 공훈을 지속적으로 입증함으로써 자신의 용맹성을 과시하려는 욕망에서 비롯된 것들이었다. 게다가 두 제도는 모든 약탈공동체에 만연된 지배성향을 충족시켜 준다. 여자들을 소유하는 것에서 시작된 소유권 개념은 여자들이 노동활동으로 생산한 물품을 포함하여, 마침내 인간의 소유는 물론 사물에 대한 소유권까지 발생시킨다. 이런 식으로 재화에 대한 일관된 소유권 제도가 점차 갖춰지게 된다.(pp.33-35)

소유권의 생성은 경쟁에서 출발

소유권을 생성시키는 근본적 동인은 서로 견주고 다투는 경쟁(emulation)에 있다. 그러한 경쟁의 동기는 소유권 제도를 더욱 발전시키고 그와 연결된 온갖 사회구조의 특징들을 발전시키는 데 지속적으로 영향력을 행사한다. 부를 소유하면 명예가 따른다. 부는 부러움을 야기하여 다른 사람과 나를 차별화한다.

소유권은 최저 한도의 생존조건과 무관한 환경에서 탄생

하여 제도로 성장했다. 한 집단 내에서 명예로운 전리품을 소유한 사람과 그렇지 못한 이웃들 간에 이뤄지는 시샘 어린 비교(invidious comparison)는 처음부터 소유물의 가치에서 주된 요소는 아니었을지라도 일찍이 소유물의 효용을 결정짓는 요인이었다는 것은 의심할 나위가 없다.

개인의 소유권이 관습화되어 일관성을 얻게 되자 사유재산의 기반이 되는 시샘 어린 차별적 비교에 영향을 미치던 관점도 변화했다.

일상생활과 사고습관 속에 자리 잡고 있던 약탈적 활동이 점차 생산 활동으로 바뀌면서, 약탈적 공훈의 전리품을 대체하여 축적된 재산이 우월과 성공을 대표하는 인습적 지표가 된다. 유목 활동에서 벗어나 정주 형태의 생산 활동이 성장함에 따라 부의 소유는 명성과 존경을 부르는 관습적 기초로서 상대적인 중요성과 효력을 얻는다. 이제 공동체에서 존경을 받을 수 있는 위치에 서고자 한다면 반드시 일정량의 재산을 소유해야 한다. 명성을 유지하기 위해서는 부를 축적하거나 획득해야 하는 것이 불가피하게 되었다.(pp.36-37)

가장 강력한 동인은 금전적 경쟁

존경받기에 충분할 정도라는 재산 기준은 금전적 경쟁의 습관에 상당한 영향을 받는다. 게다가 부를 따라다니는 권력은 축적 동기를 한층 자극한다. 이런 목적에 따라 활동하는 성향을 갖고 또 주체가 되려는 사람은 자신의 노력이 쓸데없이 되어 버리는 무익함을 극히 혐오한다. 성공을 추구하고 무익함을 혐오하는 성향이 경제적 동기의 기조로 남게 된다는 것이다. 개인의 소유권이 허용되는 체제에서 자신의 업적을 가시적으로 보여줄 있는 가장 손쉬운 수단은 재화를 축적하고 획득하는 길이다.

남자들 간의 자존심 대립이 의식에 팽배할수록 성취를 이루고자 하는 성향, 즉 제작본능은 남보다 먼저 금전적 성취를 달성하려는 긴장감에 휩싸이게 된다. 금전의 차별적 비교를 통해서 다른 사람보다 상대적으로 성공했느냐의 여부가 인간행위의 관습적인 목적이 된다.

한편 무익함이나 쓸데없는 노력에 대한 혐오감은 남과 경쟁하고자 하는 동기와 한 몸을 이룬다. 목적을 달성하려는 노력은 일차적으로 축적된 부를 보다 훌륭히 과시하거나 또 그런 쪽으로 경주되는 노력만이 의미를 갖게 된다.

이처럼 인간을 부의 축적으로 이끄는 동기 가운데 금전적 경쟁에 속하는 동인들이 가장 광범위하고 강력한 힘을 발휘한다.(pp.39-40)

과시적 여가

약탈문화에서 노동은 남자들의 사고습관과 결부되어 허약함을 표시하거나 윗사람에 대한 복종으로 여겨진다. 노동은 열등함의 표시이며 남자가 지닌 자질 중에서 가장 가치 없는 것으로 평가된다.

인간은 부와 권력을 단순히 소유하는 것만으로는 부족하다. 존경받으려면 부와 권력을 증거로써 제시해야 한다. 가장 미개한 단계를 제외한 모든 문화에서 보통의 남자들은 '고상한 주위 환경'을 갖추고 '비천한 노동'을 면제받음으로써 자존심을 지키고 드높이게 된다.

인간의 생활방식을 저열함과 명예로움으로 구별하는 낡은 관념은 지금도 대단한 힘을 발휘한다. 그런 만큼 비천한 형태의 노동을 본능적으로 혐오하지 않는 상류계급은 거의 없다. 비천한 주위 환경과 생활수단, (다시 말해 값싼) 거주지, 비천한 생산적 직업은 가차 없이 비난받고 기피된다.

그리스 시대의 철학자부터 현대까지 일정하게 여가를 누리고 일상생활에 직접 기여하는 생산 활동으로부터 면제받는 일은, 사려 깊은 남자들에게 가치 있고 우아하며 결백한 삶을 누리는 전제조건으로 인정받아 왔다.(pp.41-42)

유한계급의 특징: 실용적이고 유용한 직업에서 면제받는 것

유한계급의 삶은 인간생활에 실용적이고 유용한 직업을 과시적으로 면제받았다는 점을 특징적 면모로 내세우기 시작한다. 이들은 여전히 정치, 전쟁, 스포츠, 종교의례를 독점한다. 한편으로 사냥은 약탈충동을 해소하기 위한 스포츠로 분화된다. 사냥은 금전적 동기를 하나도 제공하지 않지만 어느 정도는 명예와 공훈의 성질을 확실하게 내포한다.

오랫동안 신사와 같은 생활방식에 익숙해진 데다 감수성이 예민한 사람의 경우, 육체노동을 매우 수치스럽게 느낀 나머지 위기상황에서 자기보존의 본능마저 포기하는 수가 있다. 예를 들면 어떤 폴리네시아 추장이 훌륭한 예법을 너무 강조하여 자기 손으로 음식을 집어 먹느니 차라리 굶어 죽는 길을 선택했다는 이야기도 들린다. 이런 행동은 적어도 추장이라는 신분에 따라붙는 과도한 신성시와 금기에서 비롯되었을 것이다.

프랑스의 어느 왕은 훌륭한 예법을 준수하려는 도덕적 스태미너가 너무나 지나쳐서 목숨을 잃었다. 어느 날 왕궁에서 화재가 발생하였는데 왕은 옥좌를 옮기는 담당관리가 없다는 이유로 화염 앞에 불평 한마디 못하고 앉아 있다가 회복이 불가능할 정도로 구워졌다고 한다. 그러한 왕의 행동은 가장 독실한 기독교도로서 품위를 더럽히지 않기 위한 것이었다.

여기서 사용되고 있는 '여가'라는 용어는 나태 또는 아무 일도 않는다는 것을 의미하지 않는다. 여가는 시간의 비생산적 소비를 함축한다.

시간을 비생산적으로 소비한다는 것은, (1) 생산 활동은 무가치하다는 감정과 (2) 게으른 삶을 제공할 정도로 금전적 능력이 있다는 증거를 의미한다.(pp.45-46)

지식과 예절이 유한계급을 만든다

생산적인 노동을 한다는 증거는 흔히 소비용품의 물목에 올라 있는 물질적 생산품으로 제시된다. 명예로운 공훈의 활동도 전리품이나 약탈품처럼 전시용으로 사용되는 가시적 결과물을 내보인다. 관습상 공훈의 징표와 명예로운 업적의 크기와 등급을 암시하는 상징으로써 휘장이나 훈장 같은 것을 차고 다니는 관습이 생겨난다. 경제적 관점에서 하나의 직분으로 간주되는 여가는 성질상 명예를 과시하는 공훈의 형태와 긴밀하게 연결된다.

여가생활을 대표적으로 증명하고 점잖게 드러내 주는 업적 표시들은, 공훈의 전리품과 서로 많은 공통점을 갖고 있다.

과거 유한계급의 여가활동을 보여주는 무형의 증거들은 준準학문적이거나 준예술적인 성과물인 동시에 인간생활의 향상에 직접 도움이 되지 않는 과정과 사건에 관한 지식이었다. 이에 관련된 예들로는 사멸한 언어지식은 물론 점성술과 연금술 등의 비학秘學, 통사론이나 작시법作詩法, 다양한 형태의 실내악이나 가정예술·복식服飾·가구·마차 등과 관련된 당대의 최신 예법, 오락, 스포츠, 애완견이나 경주마와 같은 애완동물 사육법에 관한 지식이 있다.

이런 모든 지식분야가 처음 생겨나고 일반화된 동기는 유한계급이 자신의 여가시간을 생산적인 일에 소비하지 않았다는 것을 증명하려는 소망과 별개였는지도 모른다. 그러나 이러한 성과물이 시간을 비생산적으로 소비했다는 유용한 증거로서 승인되지 않았더라면 그것들은 유한계급의 관습적인 업적으로 살아남아 명맥을 유지하지 못했을 것이다.

여기에다 예의범절과 교양, 세련된 화법, 단정한 태도, 형식적이고 의례적인 관례 등은 직접적이고 두드러지게 제시

되는 유한계급의 징표로서 광범위하고 불가피하게 강조된다.(pp.46-47)

모든 남자들은 예법의 규범에서 벗어나는 행동을 근본적으로 비속하게 여긴다. 훌륭한 예의범절은 인간의 탁월함을 증명하는 독특한 표시이며 가치 있는 인간의 영혼을 대변하는 완벽한 몸가짐이다. 예절에 어긋난 행동만큼 본능적 혐오감을 불러일으키는 행동은 별로 없을 것이다. 신의를 배반한 행동은 용서할 수 있어도 예절에 어긋난 행동은 용서받지 못한다. "예절이 사람을 만든다."

훌륭한 몸가짐에 대한 지식과 습관은 오랫동안 몸에 익혀야 가능하다. 세련된 취미, 예절, 생활습관은 상류계급에 속한다는 것을 증명하는 유용한 증거이다. 훌륭한 예절은 시간, 열성, 비용이 필요하기 때문에 자신의 시간과 에너지를 노동에 빼앗기는 사람들은 예절을 습득하기가 어렵다.

예의규범은 신분의 표시이다. 최고의 유한계급은 자신들의 예법을 가장 완벽하고 가장 성숙한 표현으로 생각한다. 이들은 또한 자신들의 예법을 하층계급이 행동규범으로 따르도록 일정하게 공식화된 예절을 만들어 낸다.(pp.50-51)

주인을 위해 과시해 주는 대리여가활동

앞에서도 말했듯이 소유권 제도는 인간, 특히 여자들을 소유하는 것에서 시작되었다고 믿을 만한 근거가 있다.

여자들과 기타 노예들은 부를 과시하는 증거이며 동시에 부의 축적수단으로서 높은 가치를 평가받았다. 부자로 인정 받기 위해서 많은 여자들은 물론 주인의 시중을 들고 필요한 물건도 생산하는 노예도 소유해야 한다.

이제 전문화된 하인은 주인에게 봉사하는 실제 서비스보 다는 주인의 명성과 자존심을 증명하는 과시용으로서 더 큰 유용성을 지닌다. 과시적 여가생활에 필요한 특별하인을 고 용하는 관행이 어느 정도 발달하면 주인은 남의 시선을 더 잘 끌도록 여자보다는 남자를 선호하기 시작한다. 특히 마부를 비롯한 하급노동에 종사하는 건장하고 체격 좋은 남자는 분 명 여자보다 힘도 세고 비용도 많이 들 것이다. 이들은 주인 이 시간과 인력을 더 많이 낭비한다는 것을 과시하는 용도에 매우 적합하다.

주인을 과시해 주는 데 사용된 노동은 여가의 유한활동으 로 분류될 것이다. 이런 노동은 경제적으로 자유로운 주인 이 외의 사람들에 의해 수행된다는 점에서 대리여가활동 (vicarious leisure)으로 분류되어야 한다. 여기서 보조적 유한 계급 내지는 파생적 유한계급이 등장하게 된다.(p.54)

하인(또는 피고용인)의 여가는 자신의 여가가 아니다. 그의 여가는 전문화된 서비스 봉사로 위장하여 주인의 삶의 만족도를 증진시키는 것에 지나지 않는다. 하인들은 유한계급의 생활양식에 꼭 필요한 사항들을 충족시키기 위해 복종하는 태도와 이에 따른 특별한 훈련을 받고 실행해야 한다.(p.58)

오늘날 유복한 가정이 가정부나 집사를 고용하는 이유는 (표면적으로라도) 가족 구성원이 현대사회에서 수행하는 일들을 지장 없도록 하기 위해서라고 말한다. 가족이 일을 못하는 까닭은 (1) 너무나 많은 '사회적 의무'를 지니고 있으며 (2) 해야 할 일이 너무나 과중하고 많기 때문이다. 이런 두 가지 이유를 다시 설명하면 다음과 같다.

(1) 체면유지에 필요한 규범 때문에 가족 구성원들은 표면상으로 사교, 드라이브, 클럽활동, 바느질 봉사활동, 스포츠, 자선단체와 기타 사회적 직무로 이뤄지는 과시적 여가활동에 시간과 노력을 쏟아야 하기 때문이다.

(2) 재화의 과시적 소비에 꼭 필요한 조건을 갖추다 보면 주택이나 가구, 골동품, 의상, 식탁과 같은 가재도구들이 너무나 치밀하고 번잡할 정도가 되어 다른 사람의 도움 없이는 도저히 매너에 맞게 그것들을 다루거나 처리할 수 없는 지경에 이른다.

이제 대리여가활동은 종전처럼 가족의 소유권자로서 가장만을 위한 것이 아니라, 준인격적인 단체로서 가족 전체를 위해 수행된다.(pp.59-60)

과시적 소비

어느 정도 평화시대에서 유한계급 남성은 최소한의 생계 유지와 육체적 편의를 위해 필요한 것보다 훨씬 많은 생활 자료를 소비하고, 게다가 소비과정을 통해서 소비재화의 질에 관한 전문가적 소양을 키우게 된다. 그들은 음식, 음료, 술, 흥분제, 주거, 서비스, 장식품, 의복, 무기나 장비, 오락, 부적, 우상이나 신물神物 등을 최고급으로 자유롭게 소비한다.

좀 더 훌륭한 재화를 소비하는 것은 부의 증거가 되기 때문에 명예로운 일이지만, 이와 반대로 양적으로나 질적으로 기준에 미달하는 소비는 열등함과 결함의 징표가 된다.

이제 유한계급은 힘세고 재력 있으며 용맹성을 갖춘 성공하고 진취적 남성에 단순히 머물지 않는다. 그는 무능하게 보이지 않기 위해 당장 소비할 재화 중에서 고급품과 저급품을 정확히 구별해 내는 자질을 배양하고 물건 고르는 감식안도 길러야 한다. 이제 그는 다양한 풍미를 지닌 고급 음식, 주요 음료나 장신구, 멋진 의복이나 주택, 무기, 오락, 춤, 그리고 술이나 흥분제 따위에서 일종의 전문가가 된다. 이러한 안목을 기르는 데는 시간과 노력이 필요하다.

　가치 있는 재화의 과시적 소비는 유한계급 남성들이 명성을 얻기 위한 하나의 수단이다. 그가 부를 축적했더라도 남의 도움이 없는 노력만으로는 자신의 부를 과시할 수 없을 것이다. 이에 값비싼 선물을 제공하거나 화려한 축제와 연회를 열어 친구들이나 경쟁자들의 호응을 이끌어 낸다. 아마도 선물과 잔치는 그러한 유치한 과시욕에서 시작된 것은 아니겠지만, 어쨌든 그런 용도에 맞는 효용성 때문에 오늘날까지 존속되고 있는 것이다. 포틀래치나 무도회 같은 사치스런 연회는 부의 과시적 목적에 잘 맞아 떨어진다.(pp.64-65)

낭비의 효용성은 명성을 얻는 데 있다

　과시적 여가와 과시적 소비를 탐색해 보면 둘 다 똑같이 낭비의 효용성은 명성에 있다는 것이 드러난다. 과시적 여가는 시간과 노력의 낭비이고, 과시적 소비는 재화의 낭비이다. 두 가지 모두 부를 과시하는 방법으로서 관습상 동등한 것으로 인정받는다.

명성의 수단으로써 유용하고 게다가 체면유지를 위한 요소로서 강조되는 과시적 소비는 개인 접촉이 가장 광범위하고 인구이동이 심한 사회에서 최고조를 이룬다. 과시적 소비는 시골보다는 도시사람들의 소득 중에서 상당부분을 지출하도록 만든다. 도시인들은 서로를 능가하기 위해 치열한 경쟁을 벌이면서 과시적 소비수준을 갈수록 높이게 된다. 따라서 소비는 시골보다 도시의 생활수준에서 많은 부분을 차지한다.

저축도 같은 경우가 적용된다. 도시 숙련공 계층의 저축률이 상대적으로 낮은 이유는 농장이나 작은 시골마을에 비해서 도시의 저축은 상대적으로 선전 효과가 적다는 데 있다. 시골사람은 서로의 일상사는 물론 상대가 보유한 재산이 얼마나 되는지도 잘 알고 있다.

도시에서 평균적 근로자보다 고임금의 인쇄공 사이에서 낭비적 유흥이 성행한다. 이들 직업은 성격상 서로 간의 이동이 보다 용이하고 인간적 접촉과 교제도 일회적 성격을 띠기 때문이라 할 수 있다.

이제 과시적 재화 소비는 상대적으로나 절대적으로 점차 중요성이 증대하여, 마침내는 최소한도의 생계비를 제외한 나머지 가용재화를 모조리 흡수해 버리는 지경까지 갈 것이

다.(pp.73-75)

제작본능과 과시적 낭비의 모순, 그리고 형식적 해결

　명성획득의 근거로서 과시적 여가가 상대적으로 위축되는 것은 한편으론 부의 증거로서 소비의 유효성이 상대적으로 증가하는 데 일정 부분 원인이 있다. 그러나 또 한편으론 과시적 낭비의 성질과 어느 정도 대립되고 이질적인 또 다른 힘에서 그 이유를 찾을 수 있을 것이다.

　이 다른 요인은 제작본능이다. 제작본능은 생산적 효율성과 유용성을 갖는 모든 것에 호의를 갖도록 한다. 또한 노력과 물질적 낭비를 비난하도록 만든다. 제작본능은 모든 인간에게 내재하며 매우 대립적인 환경 속에서도 나타난다. 따라서 실제 어떤 소비 지출이 아무리 낭비적일지라도 적어도 겉으로는 그럴듯한 구실을 내걸 것이다.

　모든 노동이 철저하게 예외 없이 노예를 통해 이뤄지고 있는 경우에, 모든 생산적 노력은 비천하다는 것이 사람들의 마음에 박혀 있기 때문에 제작본능은 생산적 효용이라는 방향으로 크게 효과를 나타내지 못한다. 그러나 노예제와 신분제를 가진 준평화적 단계가 평화적 산업단계(임금노동제와 현금지불제로 운영)로 이행하게 되면, 제작본능은 예전과 달리 효과적인 방향으로 작용하게 된다. 이리되면 제작본능은 무엇이 유용한가에 대한 사람들의 견해를 적극적으로 조성하기 시작하여 적어도 자기만족을 보조적 기준으로 삼아 전면에 내세운다.

오늘날 웬만한 사람들이라면 누구나 어떤 목적을 달성하려는 성향을 갖거나 어떤 대상이나 사실, 관계를 인간에게 유용하게 만들려는 충동을 어쩔 수 없이 갖게 된다. 그러나 이렇게 목적달성과 유용성을 촉발하는 성향이나 충동은, 명예로운 여가를 추구하고 유용성의 저급함(인간생활에 유용한 재화는 노동 활동을 통해 공급하는 것이므로 비천한 것으로 취급됨)을 기피하려는 강제적 동기 때문에 억제될 수밖에 없다.

목적 달성과 유용성을 지향하는 인간적 성향, 즉 제작본능과 '여가의 명예성 추구' 또는 '저급한 유용성의 기피'라는 사회적 압력이 서로 충돌하게 되면 사람들은 위장전술을 펴게 된다. 말하자면 돌파구로서 표면상의 겉치레 활동이라도 참가하는 수밖에 없다. 이에 따라, 예를 들어 사회적 의무들을 지킨다든지, 준학술활동에 참여하고 가정에 관심을 갖고 집을 꾸민다든지, 바느질 봉사, 옷 재활용모임에 참여하고, 승마·카드놀이·요트·골프·기타 각종 스포츠 모임에 참여한다. 이 정도의 선에서 제작본능도 자기만족을 하게 되는 것이다.

제작본능은 과시적 낭비의 법칙과 모순되는 관계에 들어

서면, 본질적 효용을 고집하기보다는 명백히 무익한 것은 누가 봐도 미학적으로 용납할 수 없고 혐오스럽다는 보편적 감정을 표출한다.

평화시대에 들어와 생산 활동 등의 유용한 노력에 달라붙는 불명예도 강제(노예)노동이 소멸되면서 어느 정도 둔화되기 시작하였다. 최소한의 저항은 변화하고 여태까지 약탈적 활동으로 배출구를 찾았던 에너지는 겉으로나마 유용한 목적에 부응하는 방향으로 나간다. 이리하여 표면상 아무 목적이 없는 여가활동은 비난받기 시작했다.

유한계급이 실천하는 과시적 여가활동은 본질이 아닌 형식의 변화를 겪게 된다. 이렇게 서로 갈등하는 두 가지 요소를 화해시키려면 겉치레 활동에 의존할 수밖에 없다. 이에 여러 가지 복잡한 예법준수와 의례적 성질을 가진 사회적 의무가 발달하고, 공적인 취지와 직함을 담아내고 사회를 개선한다는 그럴듯한 목적을 가진 단체들이 생겨나게 된다.(pp.76-77)

낭비의 정확한 개념은 무엇인가

'낭비'라는 말을 사용하는 것은 어떤 면에서 적절치 않다. 이 단어를 일상생활에서 사용할 때는 흔히 비난의 의도가 섞여 있다. 여기서 이 말을 사용하는 까닭은 어떤 동기와 현상을 설명하는 데 적절한 단어가 없기 때문이다.

낭비라고 부르는 것은 이러한 소비가 대체로 인간생활이나 행복에 기여하지 못한다는 이유에서 그런 것이지 개개의 소비자 입장에서 노력이나 지출을 헛되이 쓰거나 잘못 사용하기 때문은 결코 아니다. 그러나 역시 일상생활의 용어로서 '낭비'는 헛되게 소비한다는 뜻으로 쓰이기 때문에 비난의 의미를 함축한다는 것은 주목할 만하다. 여기에는 제작본능의 발로가 상식적으로 함축되어 있다.

낭비가 일반적으로 비난받는 이유는, 보통사람이 서로 더불어 평화롭게 살기 위해서는 인간이 노력하고 즐거움을 찾는 가운데에도 전체적인 삶의 고양과 복지를 볼 줄 알아야 한다는 뜻이 담겨있다. 어떤 경제적 행위가 절대적 찬성을 얻으려면 비개인적 유용성, 즉 인류 전체의 관점에서 보는 유용성의 시험기준을 통과해야 한다.

엄밀한 의미에서 차별적인 금전적 비교 때문에 발생되는 지출을 빼고는 어떤 것도 과시적 낭비의 목록에 포함돼서는 안 된다. 주로 낭비적으로 시작된 생활수준의 요소가 훗날 소비자가 보기에 생활필수품이 되는 일도 흔히 있다. 이런 항목에 가끔 포함되는 품목이나 예증으로는 카펫이나 태피스트리(여러 가지 색깔의 실로 수놓은 벽걸이나 실내장식용 비단), 은제 고급식기, 웨이터의 각종 서비스, 실크해트(예복용 남자모자), 풀 먹여 다린 예복이나 정복, 갖가지 보석류나 고급의상

등을 열거할 수 있다.

금전 지출의 낭비 여부를 따지는 것은 오로지 그것이 전체 인류생활을 증진시키는 데 이바지하는가, 다시 말해 비개인적으로 전체적 삶을 촉진시키느냐에 달려 있다. 왜냐하면 이런 기준은 제작본능을 판정하는 근거이며, 또 제작본능은 경제적 진리 혹은 타당성에 대한 최종 법정이기 때문이다.(pp.78-79)

금전상의 생활수준

현대사회에서 대부분의 사람들이 육체적 안락에 필요 이상으로 소비를 하는 직접적 이유는, 눈에 띄는 소비지출에 더 많은 돈을 쓰려는 것이 아니라 인습적인 체면기준을 따라 소비재화의 양과 질을 맞추려 하기 때문이다.

소비의 동기는 경쟁에 있다

부의 증가에 맞춰 습관화된 소비규모를 확대하기보다는 이왕 몸에 밴 소비규모를 줄이기가 훨씬 어렵다. 관습에 따라 소비하는 품목들도 따지고 보면 거의 대다수가 순전히 낭비되는 것들이다.

과시적 소비를 줄이기는 어려워도 늘리기는 상대적으로

쉽다. 물론 드물게는 당장 소비를 늘릴 수단이 있는데도 눈에 띄는 소비를 줄이는 사람이 있는데, 그런 경우에 일반인에게 설명이 필요하다. 설명을 하지 않은 사람이 있다면 그에게는 값싼 동기에 휘둘리는 인색한 노랑이라는 야멸친 비난이 돌아가게 된다. 이에 반해 소비에 즉각적으로 반응하는 사람은 정상적인 것으로 인정된다. 따라서 일반적으로 우리에게 요구되는 지출기준은 이미 일상적으로 확립된 평균적 지출에 있지 않다.

소비의 동기는 경쟁에 있다. 즉, 소비경쟁은 자기와 비슷한 계급으로 보이는 사람을 추월하려는 데서 촉발되는 차별적 비교 때문에 자극받는다. 모든 계급은 사회계층의 서열에서 바로 자기 위의 계층을 시샘하고 경쟁하지만, 자기 아래 계층이나 자기보다 훨씬 앞서 나가는 계층과는 거의 비교하지 않는다. 계층 구별이 다소 모호한 사회에서, 명성과 체면을 유지하는 모든 기준과 소비표준은 최상위의 사회적 금전계층, 즉 부유한 유한계급의 사고습관과 생활양식의 등급화에 저절로 맞춰져서 따라가게 된다.(pp.80-81)

소비생활의 기준은 습관적 성질을 띤다. 그것은 일정한 자극에 습관적으로 반응한다. 일단 익숙해진 소비표준을 후퇴하기 어렵듯이 습관 들인 기준을 낮추기 힘들다.

일반적으로 개인의 생활을 지배하는 가장 오래되고 뿌리

깊은 습관들, 즉 하나의 생명 유기체로서 개인의 실존에까지 영향을 주는 습관은 대체로 가장 긴 지속성과 강제력을 발휘한다.

개인이 명예로운 소비에서 자신의 표현습관의 방향을 찾을 경우, 다시 말해 일정한 방향으로 자극이 가해져서 뿌리 깊은 경쟁성향이 주도하는 활동을 습관적으로 유발하기 시작하면, 그는 자신의 습관적인 소비를 포기하길 극도로 꺼려하게 된다.

과시적 낭비는 출산율도 낮춘다

자기보존 본능을 제외하고는 아마도 경쟁성향이 본래의 경제적 동기 중에서 가장 강하고 예민하며 집요할 것이다. 이러한 경쟁성향은 산업사회에서 금전적 경쟁으로 나타난다. 따라서 과시적 낭비의 욕구는 육체적으로 가장 본원적인 욕구를 채우고 난 뒤에, 나머지 사회적 생산능력의 효율성으로 생산된 증가물 또는 재화 산출물을 기꺼이 흡수하게 된다.

생산력의 증가 덕분에 좀 더 적은 노동으로도 생활수단을 조달할 수 있게 된 사회의 생산담당자들은 생산속도를 좀 더 늦추기 위한 방안보다는 과시적 소비의 효과를 높이기 위한 방안을 강구하는 데 정력을 쏟게 된다. 생산에서 증가된 산출물은 과시적 욕망, 즉 경제이론에서 말하듯이 무한정 확대되는 고차원의 정신적 욕망을 충족시키는 쪽으로 돌려진다.(pp.84-85).

이러한 추세는 사람들에게 가장 많은 부를 획득하는 것을 인생 최대의 유일한 목적으로 삼게 하고, 이것에 도움이 되지 않는 일은 쓸데없는 것으로 여기고 금전적 이득에만 몰두하게 만든다.

명예로운 소비에 필요한 조건들을 필사적으로 갈망하는 계급들에게서 출생률이 낮은 이유는 역시 과시적 낭비에 근거한 생활수준에서 연유된다. 어린애 하나를 키우는 데 필요한 과시적 낭비와 비용 증가는 출산율에 강력한 저지요인으로 작용한다. 이것은 맬서스가 『인구론』에서 말하는 '사려 깊은 인구 억제책'으로 가장 효과적인 것이 될지 모른다.(pp.86-87)

금전에 나타나는 취미기준

과시적 낭비법칙은 공인된 소비규범을 끌어올리고, 이에 따라 소비자에게 재화의 낭비와 지출기준에 맞춰서 시간과 노력을 투여하는 효과를 낳는다. 이런 규범적 관습의 성장은 경제적 생활에 직접적인 영향과 더불어 다른 부문의 행동에도 간접적이고 우회적 영향을 미친다. 과시적 낭비라는 특정 방향으로 생활을 표현하려는 사고습관은 다른 방면, 즉 생활에 좋은 것과 올바른 것을 선호하는 습관적 견해에 불가피하게 영향을 끼친다.

과시적 낭비의 원리는 훌륭하고 명예로운 생활과 명품들을 선호하는 사고습관을 주도적으로 형성한다. 명예로운 낭비의 규범은 간접적이거나 우회적으로 의무의 관념, 미적 감각, 효용개념, 종교나 의례에 충실하려는 생각, 진리에 대한 과학적 감각 등에 영향을 미칠 수 있다.(p.88)

과시적 낭비의 기준은 경건한 소비라고 불리는 부문에서 커다란 비중을 차지하는 것으로 평가된다. 예를 들어, 동일 계급으로 인정받기 위해 신성한 건축물, 제복, 기타 재화를 소비하는 사람들에게는 더욱 그럴 것이다. 숭배 대상이 되는 신성한 건물과 다른 신앙 대상물을 건축하고 장식하는 일은 낭비적 지출로 일정한 명예를 획득하리라는 측면에서 이뤄진다.

과시적 낭비의 원리는 인간의 습관적 사고의 확산을 통해, 인간이 신에 복종하는 관계와 신성에 관한 신도들의 관념에 영향을 미쳤다. 소박한 종교일수록 금전적 미덕이 널리 퍼져 있는 것은 당연하겠지만 사실 그런 경향은 어디서나 발견된다.

우리들은 설교자들에게서 일종의 대리여가활동을 보게 된다. 설교자는 신의 훌륭한 특성과 위업을 찬양하기 위한 비생산적 예행연습에 대부분의 시간과 노력을 소비한다. 그런 광경의 배경은 귀금속과 여러 가지 보석의 광채로 가득 차 있다. 마찬가지로 신을 모시는 성직자들은 산업을 위한 생산노동에 참여해서는 안된다. 신이 머무는 곳이나 성소 안에서는 특히, 인간에게 유용한 어떤 종류의 노동이나 일을 해서도 안된다.(pp.93-94)

비싸기 때문에 아름답고 가치 있다

아름답기 때문에 가치 있는 것으로 평가되는 물건의 유용성은 그 값이 비싸다는 사실과 긴밀히 연결되어 있다. 10~20달러 정도 나가는 수제품 은수저가 일차적 의미에서 기계로 만든 은수저보다 실용성이 크다고 할 수 없다. 어쩌면 알루미늄 같은 '하급' 금속을 이용해서 만든 기계 제품 수저보다 수제 은수저가 실용성이 없을지 모른다.

숟가락의 경우는 전형적이다. 흔히 값비싸고 아름답게 여겨지는 물건들을 사용하고 감상함으로써 우월한 만족감을 얻는다. 그러나 사실은 아름다움이라는 미명 아래 숨어 있는 비싼 가격 덕분에 우리들은 만족감을 느낀다. 우리가 뛰어난 물건을 더 높이 평가하는 것은 그 아름다움에 대한 순수한 평가이기보다는 대부분 뛰어나고 명예로운 성격을 지니고 있기 때문이다.(p.95)

지금까지의 논의를 일반화해 보면 어떤 물건이 우리의 미적 감각에 호소할 만큼 가치를 획득하려면 아름다워야 함과 동시에 비싸야 한다. 그러나 이것만이 모두는 아니다. 가격이 비싸다는 인식은 물건의 아름다운 특징으로 우리의 취향에 영향을 미친다.

습관적으로 비싼 물건을 찾게 되고, 아름다움과 명성을 습관적으로 동일시할수록, 아름답긴 하지만 값이 싼 물건은 아름답지 않은 것으로 평가받기에 이른다. 예를 들어, 재배가 비교적 쉽고 아름다운 꽃들은 사치스럽고 값비싼 꽃을 살 수 없는 중하류 계층에 의해 환대받고 감상의 대상이 된다. 그러나 비싼 꽃을 살 수 있는 부자들이나 고도의 금전적 미덕을 갖고 있는 꽃에 익숙한 사람들에게는 저속한 것이라 배척받는다. 반면에 어떤 꽃은 자체의 아름다움을 갖고 있지 못한데도 재배에 막대한 비용이 들어간다는 이유로, 이러한 환경 속에서 비평적 안목을 지도받은 꽃 애호가들로부터 많은 찬사를 받는다.(pp.97-98)

유용성이 없고 비싼 과시용의 애완견

금전적 명성이 선도적으로 이끄는 취미기준은 동물의 아름다움을 평가하는 지배적 기준에서도 찾아 볼 수 있다. 닭, 돼지, 소, 양, 염소, 말들은 본래 생산재의 성격을 띠고 있어서 유용성과 영리의 목적에 동시에 이바지한다. 이런 까닭에 사람들은 이런 동물에 선뜻 미의 기준을 적용하지 않는다. 생산적 목적에 기여하지 않는 다른 가축들, 예를 들어 비둘기, 앵무새를 비롯한 다른 관상용 조류, 고양이, 개, 경주마와 같은 애완동물은 사정이 달라서 미적 기준이 적용된다. 이런 동물은 과시적 소비의 목록에 들어가며, 성격상 명예로우며 마땅히 아름다운 것으로 인정받는다. 물론 관례적으로 상류계

층에 의해 찬미된다.(p.102)

개는 특별한 기질을 타고났으며 게다가 유용성도 없다는 점에서 장점을 지닌다. 개는 흔히 뛰어난 센스를 가지고 있다는 점에서 사람의 벗이라 불리며 지능과 충성심을 가진 동물로 찬양된다. 그러나 개는 가축 중에서 모습이 흉한 편이며 습성도 가장 추해서 예술적 가치가 다소 모호하다는 특성을 지니고 있다. 개는 주인에게 비굴하게 꼬리를 흔들지만 다른 사람에게는 서슴없이 해를 입히고 불쾌감을 준다. 그런 만큼 개는 우리의 지배성향을 만족시키며 귀여움을 차지한다. 또한 개는 값이 비싸고 생산적 목적에 대체로 기여하지 않으므로 사람들에게 훌륭한 명성을 부여하는 소재로써 확고한 지위를 보장받는다.

경주마도 개의 경우와 비슷하다. 말은 대개 비싸고 생산적인 목적상 낭비적이며 유용성도 갖지 않는다. 경주마는 경쟁의 수단으로서 발휘하는 능력 때문에 유용하게 평가된다. 다른 이웃의 말을 앞지르는 경주마는 주인의 공격성과 지배적 감각을 충족시킨다. 이처럼 경주마의 용도는 실리적인 것에 있지 않고 명백히 낭비적인 것에 있는 까닭에 명예로우며, 빠른 말일 수록 명성 획득에 매우 유리하다고 평가받는다. 게다가 경주마는 본래 비생산적이긴 하지만 도박의 도구로써 명예로운 용도를 갖고 있다.(pp.103-104)

금전적 명성이 취미규범에 영향을 미치는 것은 단지 애완동물을 포함한 소비재에 국한되지 않는다. 인간의 미에 대해서도 마찬가지다.

상류계급이 여자의 노동력을 가치 있게 평가하는 경제발전 단계의 사회에서, 이상적인 여성미는 대체로 튼튼하고 사지가 큰 여자라는 것이 대체로 하나의 원칙처럼 되어 있었다. 이런 미적 기준은 상류계급 부인들의 직무가 관습적 생활양식에 따라 대리여가활동으로만 단순히 국한되는 그 후의 단계에서 변화를 겪는다. 상류계급의 숙녀들은 지속적으로 보호받고 모든 유용한 노동에서 철저히 면제받아야 하는 존재로 여겨졌다. 그 결과로 기사도 시대 또는 낭만주의 시대에 이상적인 여성미는 미모를 중점에 두고 우아함과 섬세하고 부드러운 손발, 날씬한 몸매, 그리고 특히 가녀린 허리를 강조하게 되었다.

이러한 여성미의 특징은 대체로 그녀들의 신체적 구조의 결함(faults)과 관련을 맺고 있어서, 매력적인 여성은 실용적이고 유용한 노동을 할 수 없을 뿐만 아니라 주인의 부양 없이는 그녀의 게으른 생활을 유지할 수 없다는 사실을 증명해준다. 이런 여자들은 쓸모가 없고 사치스럽기 때문에 금력을 과시하는 증거로써 가치를 지니는 것이다. 그 결과 이런 문화단계에서 여자들은 시대가 요구하는 필수적인 취향조건을 더 잘 맞추기 위해서 자신의 몸을 변형시키려 한다. 서구문화가 지배하는 사회에서 오랫동안 널리 유행해 온 코르셋으로 바짝 조인 허리라든가 중국의 전족 등이 그런 사례에 속한다.(pp.106-107)

싸구려 옷은 사람을 싸구려로 만든다

비싼 재화를 소비하는 사람은 칭찬받을 만한 사람이고, 제품의 유용성에 필요한 비용을 훨씬 상회하는, 명백히 고비용의 요소를 내포한 재화는 명예로운 재화로 여겨진다.

사람들은 근검절약하는 생활태도에 대해서 지불능력이 없는 데다 금전적으로 성공하는 데 실패했다는 지표로써 비난하기 시작하다가, 이윽고 값싼 물건을 보고서는 값이 싸다는 이유만으로 본래부터 불명예스럽고 무가치한 것으로 경멸하는 습관에 빠지고 만다. 시간이 지나면서 후세들은 이전 세대로부터 물려받은 칭찬할 만한 낭비의 전통을 이어 받고, 소비재에서 금전적 명성의 전통적 기준을 더욱 세련시키고 강화시켰다. 마침내 우리들은 '값싼 것이 천한 것이다' 라는 경구를 아무 거리낌 없이 사용하기에 이르렀다. 어떤 정치학자는 이런 모든 문제를 통틀어 "싸구려 옷은 그 옷을 입은 사람도 싸구려로 만든다"는 경구로 요약하였는데 이를 설득력 없다고 여기는 사람은 아마도 없을 것이다.(pp.111-112)

소매시장에서 실용적인 재화를 선택하는 소비자들은 대개 물건의 실질적인 유용성을 나타내는 어떤 표시보다는 물건의 마감상태나 제작 솜씨에 이끌리는 경우가 많다는 것은 익히 알려진 사실이다. 재화가 판매되기 위해서는 물질적 용도에 맞는 효용성 이외에도 체면유지에 도움이 될 만큼 비싸다는 표시로써 상당량의 노동이 투입되었다는 흔적을 어느 정도 드러내야 한다.

일반 소비자들은 대개 되도록이면 유리한 가격으로 꼭 유용한 물건을 구입하고자 부단히 노력한다. 그러나 재화의 유용성에 대한 증표이자 구성요소로서 확실히 자리 잡은, 값이 비싸야 한다는 인습적 필수조건은 소비자에게 커다란 과시적 낭비의 요소를 포함하지 않은 재화는 열등품으로 배척하도록 만든다.(p.113)

격찬받는 자연스러운 결함

기계제품은 좀 더 완벽한 생산품이어서 목적 달성을 위한 수단으로서 완벽한 적응성을 갖는다. 하지만 이러한 점에서 기계제품은 대한 멸시와 저평가에서 벗어나지 못하는데, 그것은 명예로운 낭비의 기준에서 볼 때 이런 제품은 가치가 거의 없고 열등하기 때문이다.

수작업은 좀 더 낭비적인 생산방식이다. 수작업으로 생산된 재화는 금전적 명성의 목적에 크게 이바지할 수 있다. 수작업의 흔적은 명예로운 것이며 이런 표시를 나타낸 제품은 동일한 기계 생산품보다 더 높은 등급의 제품으로 취급된다.

수제품은 불완전하고 불규칙한 외관을 통해서 드러난다. 수제품은 자연스럽고 있는 그대로의 모습을 보인다는 점에서 우월성을 갖는다.

이미 지적한 것처럼 현대 산업사회에서 값싸고 그래서 품위도 없는 일상적인 소비재들은 대개 기계제품이다. 기계제품의 일반적 특징은 수제품에 비해 제작기술이 더욱 완벽하고 디자인의 세세한 솜씨에도 좀 더 정확성을 기하는 데 있다. 그러나 수제품의 가시적 불완전성은 명예로운 것이므로 미적 측면이나 유용성의 측면에서도 모두 우수하다는 표시로 평가받는다. 드디어 결함(the detective)이 격찬받는 일까지 발생하였다. 이 때문에 존 러스킨이나 윌리엄 모리스 같은 사람이 선전활동을 했던 자연스러움의 투박함(crudity)과 낭비적 노동이 당시 사람들에게 주목을 받고 영향을 끼칠 수 있었다.(p.114)

금전문화를 표현하는 의복

여성의복은 착용자가 생산적 직업을 면제받고 있음을 과시하는 데 남성의복보다 훨씬 월등하다. 여성용 보닛(얼굴을 가리기 위해 모자챙이 크고 턱 밑에서 끈을 매게 되어 있는 모자)이 신사용 실크해트보다 노동하는 데 훨씬 불편하다는 일반적 논의를 새삼 강조할 필요는 없다.

여성구두 중에는 반짝반짝하게 닦기 위해서 반드시 여가가 필요한 프랑스 힐이라는 것이 있다. 게다가 하이힐은 가장 단순하고 필요한 육체적 활동조차도 곤란하게 만들 정도로 실용성이 없다. 이는 여성의복의 특징을 그대로 보여주는 치마와 길게 처진 의상에서 더욱 잘 드러난다. 여성들이 치마와 같은 의상에 끈질기게 집착하는 실제 이유는 바로 이것이다.

값이 비싸고 그것을 입으면 일하는 데 불편하고 또 모든 유용한 노동이 불가능하기 때문이다. 여성이 지나치게 머리를 길게 기르는 습관도 같은 이치에서 나왔다고 보면 된다.

여성의 복장은 노동에서 면제되고 있음을 과시할 뿐만 아니라 남성들이 습관적으로 행하는 모든 것과는 질적으로 다른 독특하고 특이한 양상도 보여 주고 있다. 그중에서 코르셋은 대표적인 경우라 할 수 있다. 코르셋은 경제적으로 여성의 생활력을 저하시키고 노동에 적합하지 않은 불구자로 만들기에 충분하다. 코르셋은 그것을 착용하는 여성의 개인적 매력을 감퇴시키지만, 이에 따른 손실이 자신을 고귀하고 허약하게 보이도록 해서 생겨나는 명성의 이득을 전부 다 상쇄하지는 못 한다.(p.121)

의복은 금전을 낭비하는 데 최고의 품목

명성획득의 기준에 따르면 의복은 금전을 낭비적으로 지출했음을 과시해야만 한다. 그러나 모든 낭비는 인간의 본래적 심성에 거부감을 낳는다. 자연은 진공을 거부한다는 말도 있듯이 심리학의 법칙에 따르면 모든 사람은—아마도 여성은 더더욱—무익한 노력이나 금전적 지출을 혐오한다고 이미 지적했었다. 하지만 과시적 낭비의 원칙은 분명히 무익한 금전 지출을 요구한다.

그 결과 값비싼 의복을 과시하기 위해 무익하게 지출하는 행위는 본질적으로 추한 것이 된다. 따라서 의복을 혁신적으로 개량할 때는 어떤 표면적인 목적을 내세워 비난을 피해 보려는 세심한 노력이 깃들어 있는 것을 볼 수 있다. 이와 동시에 과시적 낭비의 필수조건은 의복을 혁신하려는 목적이 빤히 속 보이는 위장(transparent pretence)이 되지 않도록 막고 있다.

아무리 자유롭게 유행이 활개 치고 어떤 유용성을 표면적으로 위장했을지라도 그것은 명백히 기만적 성격을 띠게 된다. 따라서 유행 속에 내포된 무익성은 곧바로 우리의 관심을 끌 만큼 노골적으로 드러나서 극도로 불쾌감을 유발한다. 그때 유행은 다시 새로운 스타일로 도피하는 수밖에 없다. 역시 새로운 스타일도 명성을 얻는 데 필수적인 낭비성과 무익성이라는 요건에 부합해야만 한다. 하지만 그런 무익성은 곧바로 종전 스타일이 보여 줬던 무익성만큼이나 싫증나는 것이다.

낭비의 법칙이 우리에게 내리는 유일한 처방은 무익하고 덧없는 새로운 유행을 다시금 구축하여 도피하도록 만드는 것이다. (예를 들어 금붙이가 몸에 좋다는 유용성을 내세워서 의상에 금줄을 여기저기 달았던 새로운 패션은 결국 의복에 금전을 쓸데없이 낭비하여 과시하도록 하는 위장전술의 도피처일 뿐이다.) 따라서 패션의 유행이란 본질적인 추악함을 끊임없이 반복하는 변화의 연속(명성을 얻기 위한 낭비적 지출의 무익성은 추악하기 때문에 유용성의 목적을 끊임없이 가장하는 일)에 불과하다.(p.124)

코르셋은 명예로운 여가의 상징

코르셋은 대체로 속물근성이 통용되는 시기—금전 과시 문화의 수준이 더 높은 단계로 이행하는 불안정한 과도기— 에만 존속한다. 말하자면 코르셋의 전통을 물려받은 모든 나라에서도 그것을 착용한 여성이 신체적으로 무능하며 명예로운 여가를 누린다는 사실을 입증할 경우에만 코르셋은 계속 사용될 것이다. (코르셋이 여성을 노동에 적합하지 않은 신체적 불구로 만들 듯이) 개인의 가시적 능력을 확연히 저하시킬 수 있는 다른 장애물이나 고안품들에 대해서도 같은 원칙이 적용되는 것은 물론이다.

과시적으로 소비되는 다른 몇 가지 품목도 비슷한 추세를 보일 것이다. 그런 특징들이 옷을 입는 사람의 몸을 불편하게 하거나 불편함을 나타내게 하는 경우에는 그러하다. 특히 지난 100년 동안 발전해 온 남성복장에서 그런 추세를 발견할 수 있다. 예를 들어 가발이나 금줄을 두르는 일, 수시로 면도하는 습관과 같은 낭비의 방법이나 여가의 상징들은 100년

전이라면 훌륭한 목적에 이바지했을지 모르지만 오늘날 상류계급이라면 넌더리 내는 일이기 때문에 결국에는 폐기되고 말았다.(pp.129-130)

'요란한(loud)' 의복은 세련되지 못하고 천박한 사람들의 감수성에 호소하여 특별한 인상을 남기려는 욕망을 분별없이 드러내는 것이어서 고상한 사람들에게 불쾌감을 준다. 명문가 사람들에게 자기네 같은 세련된 상류계급의 감각과 서로 어울리는 것은 더욱 명예로운 존경뿐이다. 부유한 계급이 상당히 크게 성장하였고, 또 유한계급의 구성원끼리 접촉도 매우 광범위해져서 명예로운 목적을 (집합적으로) 추구할 정도로 계층 환경도 구성되었기 때문에, 유한계급의 집단에서 찬양하거나 모욕하는 데 가담하지 않았던 방관자조차도 자신의 생활양식 속에서 이들 하층민의 비천한 요소를 배척하려는 경향을 보인다.

이런 모든 경향의 결과로써 그들은 의상의 방식을 세련하고, 좀 더 교묘한 고안 장치에 의존하고, 의복에 의미와 상징 체계를 내면화시킨다. 그리고 이들 상층 유한계급은 사회적 체면을 유지하려고 애쓰기 때문에 나머지 계급도 그들에게 영향을 받아서 의복의 양식을 개량하게 된다.

사회적으로 부와 문화가 진전됨에 따라 이제 관찰자도 좀 더 발달된 감식력을 요구받는다. 세련된 안목은 지불능력도 있다는 것을 증명하는 수단이 된 것이다. 의복의 과시성이 좀 더 세련되고 상징화되어 가는 과정에서, 과시적 선전 매개체로서 의복을 감식할 수 있는 안목은 사실상 고도의 금전문화에서 중요한 요소가 되어 간다.(pp.130-131)

생산노동을 면제받는 유한계급과 보수주의

　인간의 사회생활은 다른 종과 마찬가지로 생존을 위한 투쟁 과정이며, 따라서 자연도태에 따른 선택적 적응 과정이다. 사회구조의 진화도 제도의 자연선택이 진행되어 온 과정이다. 지금까지 이뤄졌거나 이뤄져 내려온 인간 제도와 인간의 특성에서 나타난 진보는, 넓은 의미에서 가장 적합한 사고습관이 자연선택된 결과이다. 또한 인간의 삶을 규정하며 생성시켰던 사회와 제도를 점진적으로 변화시켜 온 환경에 어쩔 수 없이 각 개인이 적응해 온 과정에서 나온 것이라 할 수 있다.

　제도 그 자체는 인간의 정신적 태도와 성향을 보편적이거나 지배적인 유형으로 결정짓는 선택과 적응 과정의 결과이다. 게다가 제도는 생활과 인간관계의 특별한 방법이기 때문에 자연선택에서 중요한 요인이 되는 것이다. 따라서 그렇게 변화하는 제도는 다시 최적의 기질을 갖고 태어난 개인들을 선택하고, 또 그것은 새로운 제도를 형성시켜서 변화하는 환경에 각 개인의 기질과 습관을 더욱 잘 적응시키도록 한다.

제도의 발전은 곧 사회의 발전

제도는 어떤 방식으로든 변화하고 발달한다. 제도의 본성은 이처럼 변화하는 환경의 자극에 반응하는 습관적인 방법이라 할 수 있기 때문에 환경이 변하면 제도 역시 변화한다.

제도의 발전은 곧 사회의 발전이다. 제도는 실질적으로 개인과 사회의 관계를 특별하게 맺어주고 특별히 작용을 하도록 기능한다는 점에서 지배적인 사고습관이다. 그리고 생활도식(the scheme of life) 또는 생활양식은, 어떤 사회발전 과정에서 특정한 시기나 특정한 시점에서 힘을 발휘하고 있는 제도들의 총체적 집합으로 구성되어 있는데, 이는 심리적 측면에서 지배적인 정신태도 또는 인생관이라고 폭넓게 규정할 수 있다. 제도의 일반적 특징이라는 관점에서 보면, 이러한 정신적 태도나 인생관을 최종적으로 분석할 경우, 그것은 지배적 유형의 형질 또는 성격특성이란 용어로 환원이 가능하다.

현재의 상황은 사람들이 사물을 대하는 습관적 견해에 영향을 미치고 과거로부터 전승된 관점이나 정신적 태도를 바꾸거나 강화시키는 선택적이고 강압적인 과정을 통해서 내일의 제도를 형성해 나간다. 제도는 과거에 만들어진 것이고 과거의 환경에 적응한 결과이기 때문에 현재에 필요한 요건들과 완벽하게 어울리기란 불가능하다.

어떤 한 단계가 발전 과정에서 일단 한번 성립하면, 이 단계는 그 자체 새로운 적응을 요구받게 되는 변화적 상황을 내포하게 되며, 그것은 또 적응을 위해 새로운 단계로 나가는 출발점이 된다. 이런 식으로 적응과 변화의 과정은 끊임없이 계속된다.

뻔하고 지루한 사실일망정, 오늘의 제도, 즉 현재 우리가 받아들이는 생활도식 또는 생활체계는 오늘의 상황과 완전하게 일치할 수 없다는 사실을 염두에 두어야만 한다. 이와 동시에 사람의 현재 사고습관은 환경이 변화를 강요하지 않는 한 무한정 지속되려는 경향을 갖는다. 이렇게 전승된 제도들, 사고의 습관들, 관점들, 정신적 태도나 성향 등은 그것 자체가 보수적 요인으로 자리 잡는다. 이런 것들 모두가 사회적, 심리적 관성이며 보수주의의 요인이다.(pp.131-133)

환경이 변화할 경우, 이에 맞춰 제도와 습관화된 관점이 재적응하는 것은 외부의 압력에 의해 이뤄지는데, 이것은 자극에 대해 반응하는 것과 마찬가지의 성질을 갖는다. 변화된 환경에 재적응할 자유와 용이성, 말하자면 사회구조의 성장에 필요한 역량은, 어떤 일정한 상황에서도 사회 구성원 개개인들이 행사할 수 있는 자유의 정도—개인들이 환경의 강제적 구속력에 노출되어 있는 정도—에 따라 크게 달라진다.

만약에 사회의 일부 구성원 또는 어떤 계급이 뭔가 본질적인 측면에서 환경의 강제력이 크게 미치지 않는 곳에 있다면, 그들은 변화하는 일반적 상황에 자신의 생활과 관점을 더디게 적응시킬 것이다. 부유한 계급은 그처럼 변화와 재적응을 강요하는 경제적 환경의 강제력이 미치지 않는 곳에 위치한다.(p.134)

인간의 삶에서 무엇이 좋고 옳은가에 대한 관점이 변하는 속도는 언제 어디서나 느리기 마련이다. 특히 진보라고 불리는 방향, 다시 말해 공동체의 사회적 진화의 출발점으로 이해될 수 있는 고대로부터 시작하는 분화의 방향으로 진행되는 변화는 더 느리다. 이에 반해 한 종족이 과거 오랫동안 습관적으로 익숙하게 지냈던 출발 지점으로 되돌아가는 것, 즉 퇴보는 진보보다 매우 쉽게 이뤄진다.

다음과 같은 사실은 이미 잘 알려져 있다. 개인들 내지는 유력한 인간집단조차 발달한 산업문화로부터 격리된 채, 보다 낮은 문화환경이나 원시적 성격의 경제적 상황에 노출되면, 그들은 약탈적 유형을 띠는 정신적 특질로 재빨리 역행하

는 모습을 보인다는 것이다. 아마도 유럽인들 중에서 장두금
발長頭金髮의 유형이 서구문화와 관련된 다른 인종학적 요소
보다도 오히려 야만문화로 역행하기 훨씬 쉬운 자질을 내포
한 듯이 보인다. 여기서 약탈문화의 특징을 대표하는 국수주
의적인 애국심을 건드린다는 두려움을 무릅쓰고라도 말하면,
현대사회에서 자주 발견되는 가장 충격적 역행의 증거로는
아메리카 대륙의 식민지화가 좋은 예가 될 것이다. 비록 역행
이 엄청나게 대대적으로 진행되지 않았지만 말이다.(pp.136-
137)

보수주의는 유한계급처럼 품위 있고 혁신은 비천하다

사회진화에서 유한계급의 임무는 진화적 운동을 지연시
키고 과거의 낡은 것들을 보존하는 일이다. 유한계급의 본성
은 보수적이다. 이런 명제는 결코 신기하지도 않고 오래전부
터 일반인들이 알고 있던 상식의 하나에 불과하다.

부유한 계급의 보수주의는 너무 명확한 특징으로 된 나머
지 존경할 만한 표시로까지 인정받는다. 보수주의는 부유한
사람의 특성이고 사회에서 한층 존경받는 요인이 됨으로써
명예롭거나 고상한 가치를 부여받는다. 상류계급의 특성이
된 보수주의는 품위가 있고, 역으로 개혁은 하류계급의 현상
이기 때문에 비천한 것이 되었다.

이리해서 모든 개혁은 다음과 같이 이야기될 것이다. "사회구조를 뿌리째 흔드는 것" "사회를 혼란에 빠뜨리는 것" "도덕성의 기반을 파괴하는 것" "삶을 견디기 힘들게 하는 것" 또는 "자연의 질서를 교란시킬 것"이라는 비난을 면치 못한다.(p.139)

일체의 에너지를 하루 벌어서 하루를 살아야 하는 생존투쟁에 모조리 쏟아 부어야 하는 절대 빈곤자들은 내일을 생각하려는 노력도 할 여유가 없기 때문에 보수적일 수밖에 없다. 이런 명제로부터, 유한계급의 제도가 하류계급으로부터 가능한 만큼의 생존수단을 박탈하고 소비 구매력과 가용 에너지를 축소시킴으로써 그들이 새로운 사고습관을 배우고 받아들이는 노력마저 불가능하게 만든다는 논리가 도출될 수 있다. 어디서나 국민들 간에 존재하는 상당한 궁핍과 박탈감은 개혁을 가로막는 심각한 장애가 된다는 사실은 하나의 상식이다.

부의 불평등한 분배는 개혁을 억제하는 직접적 효과를 발휘하며 이것은 간접적 효과에 의해서 더욱 강화된다. 이미 앞에서 본 것처럼, 상류계급이 명성의 기준을 확립하여 세워놓은 절대적인 선례는 과시적인 소비관행을 강화시킨다. 그 결과로 금전적 명성을 얻는 데 필수적 조건을 충족하기 위해서 (1) 겨우 먹고 살 만한 최소 생계비를 제외한 나머지는 과시적 소비를 위해 남겨 두게 만들고 (2) 신체활동에 겨우 필요할 정도만 빼고 남는 어떤 잉여분의 에너지라도 흡수해 버리는 경향이 있다. 전체적 결과는 사회의 일반적인 보수적 태도를 강화하는 것이다.

유한계급의 제도는 문화적 발전을 직접 방해하는데 (1) 유한계급 자체의 고유한 타성에 의해 (2) 과시적 낭비와 보수주의의 규범적인 선례를 통해서 그러하다. 간접적으로는 (3) 유한계급 제도 자체가 의존하고 있는 부와 생계수단의 불평등한 분배체계를 통해서 문화의 발전을 저해한다.(p.141)

고대적 특성의 보존

유한계급 제도는 사회적 구조뿐만 아니라 사회를 구성하는 개인들의 성격에도 영향을 끼친다. 과시적 낭비와 생산노동의 면제라는 광범위한 두 가지 원리는 인간의 사고습관을 유도하여 제도 발달을 통제한다. 이런 과정은 유한계급의 생활 편익에 기여하는 인간본성의 어떤 특성들을 선택적으로 보존하고 동시에 사회발전에 유효한 기질을 억제함으로써 문화발전에 영향을 미치는 것이다.(p.145)

대부분의 경우 현대 문명인의 혈통은 아직도 유전적으로 현존하는 약탈적 또는 반평화적 문화의 특질을 보이는 인간성의 변종(variation)을 뒤따르고 있다. 현대인은 유전받은 현재의 인간성으로부터 변이할 경우에 고대의 일반화된 특성으로 퇴행하려는 경향을 갖는다.

고대의 약탈적 생활습관에 따라 형성된 기질은 경쟁체제 하에서 개인의 생존과 개인생활의 만족을 추구하는 경향을 강하게 보인다. 경쟁체제하에서 개인이 즉각적 이익을 얻는 최선의 방편은 약삭빠른 거래와 파렴치한 경영이다.(pp.149-154)

금전적 제도와 산업적 제도

현대의 경제제도를 두 개의 명백한 범주, 즉 금전적 (과시) 제도와 산업제도로 나눌 수 있다는 것은 이미 확인한 바 있다. 직업들도 이와 유사하게 구분할 수 있다. 금전적 제도에 속하는 직업은 사적소유와 취득을 위주로 하고, 산업제도는 제작 또는 생산과 관계있는 직업이다. 유한계급의 경제적 이해는 금전적 직업에, 노동계급은 양쪽 부류와 다 관련되지만 주로 산업적 직업에 있다. 따라서 유한계급의 출입구는 금전적 직업을 거치는 데 있다.

두 부류의 직업은 각기 요구되는 성향에서도 차이가 난다. 금전적 직업의 규율規律은 약탈적인 소질과 정신을 보존하고 배양하는 작용을 한다. 그런 규율은 금전적 직업을 가진 개인과 계급을 교육시키고, 여기에 적합하지 않은 사람들과 혈통을 선택적으로 억압하여 배제시키는 두 가지 역할을 수행한다.

인간의 사고습관이 취득과 소유의 경쟁과정을 통해서 형성될 경우에, 말하자면 이들의 경제적 기능이 교환가치를 발휘하는 부의 소유권 내에서 가치를 변환해서 부를 관리하고 금융을 조달하는 범위로 이뤄지는 한, 그들은 경제생활에서 약탈적 기질과 사고습관을 유리하게 존속시키고 강화하게 되는 것이다. 금전적 직업은 종사자들에게 폭력적 강탈이라는 낡은 방법보다는 일반적으로 기만과 속임수에 속하는 일련의 방법들을 능숙하게 구사할 수 있도록 만든다.

이들 직업은 경쟁 산업에서 경영되고 있는 기업의 소유와 관련된 종사자를 포함하며, 특히 경제적 운영의 근본 줄기에서 금융업으로 분류된다. 대부분의 상업 관련 직업들도 여기에 포함될 것이다. 이런 일에 종사하는 사람들의 책임이 최상의 수준으로 명확히 발달하면 '기업총수(captain of industry)'라는 경제적 직무로 확립된다. 기업총수는 재능 있는 사람이기보다는 기민한 사람이며, 그가 맡는 총수의 지위도 생산성을 최대한 발휘하는 산업의 총수라기보다는 오히려 금전의 총수이다.

금전적 직업은 산업 종사자보다 명성을 훨씬 더 얻을 가능성이 많다. 따라서 유한계급의 표준화된 명성은 남과 차별화하려는 여러 습성들이 위신을 갖도록 유지해 준다. 유한계급의 품위 있는 생활양식이 약탈적 특성을 존속하고 문화적으로 촉진시킬 수 있었던 것도 이 때문이다.

이제 직업은 명성에 따라 등급이 매겨지기에 이른다. 대규모의 소유권과 관련된 사람들은 경제적 직업 중에서 가장 높은 명성을 획득한다. 그 다음으로 명성을 갖는 직업은 은행가나 법률가처럼 소유권과 금융관리에 직접 이바지 하는 사람이다. 법률 관련 직업은 대규모의 소유권을 의미하지는 않지만, 이들 업무의 효용성이 경쟁 목적 이외에는 없기 때문에 관습 체계상 높은 지위를 차지한다. 특히 변호사는 변론을 빙자하여 궤변을 늘어놓거나 반론을 펼치면서 교묘하게 약탈적인 속임수를 구사하는 유일한 직업이다. 따라서 성공한 변호사는 언제나 세인의 존경과 공포를 야기했던 야만적인 교활성을 대단히 많이 타고난 대표 직업으로 인정받는다.(pp.155-156)

현대 산업에서 유한계급은 약탈적 습관을 철저히 보존

그러나 생산기술과 생산의 육체적 활동에 종사하는 개인이나 계급은 사정이 다르다. 이들의 일상생활은 서로 다투어 경쟁하고 차별화하려는 동기에 습관화되거나 산업에서 금전적인 부분을 조작하는 것과는 관련이 없다. 대신에 기계적 사실과 이치를 철저히 이해하고 조정해야 하며 아울러 그것이 인간생활의 목적에 부합하도록 평가하고 활용한다.

이런 사람들에 한해, 직접 접촉하고 있는 생산과정을 통해서 교육받고 선택된 여러 작용들은 집단생활을 남과 차별 없이 영위하도록 그들의 사고습관을 적응시킨다. 이러한 적응과정 속에서 유전과 전통을 통해 과거 야만적 인종으로부터 물려받은 약탈적 습성과 성향이 빠른 속도로 퇴화하게 된다. 그러나 여기에 참가하고 있는 사람들도 금전적 경쟁에 어느 정도 참여하고 있다는 것을 유념해야 한다(예를 들어 임금과 봉급의 결정, 소비를 위한 재화의 구매 등).

현대 산업에서 유한계급의 직업은 약탈적 습관과 소질을 생생하게 보존하고 있다. 그런 계급이 산업과정에 참여한다면 여지없이 야만인의 기질을 보존하려는 경향을 보인다.(pp.156-157)

전형적인 금전과시형 인간은 자신의 목적을 위해서 재화와 인간을 비양심적으로 횡령하고 타인의 감정과 소망은 물론 자신에게 돌아올 간접적 영향까지 아랑곳하지 않는다는 점에서 범법자와 다를 바가 없다. 그러나 이들은 예민한 신분감각을 갖고 있고 좀 더 일관성 있고 긴 안목으로 간접적인 목적을 내다보고 있어 전형적인 범법자와는 다르다.

이들 유형의 전형적 기질은 스포츠와 도박에 대한 애착과 무한정으로 경쟁을 추구하는 성향을 통해서 좀 더 잘 나타난다. 금전적 인간형은 약탈적 인간성과 짝을 이루는 변종 중의 하나라는 점에서 전형적인 범법자와 흥미로운 유사성을 보여준다. 범법자 대부분은 미신적 사고습관을 갖고 있다. 그는 행운, 주문呪文, 점, 운명, 재수, 샤머니즘적 의식을 대단히 믿는다.(p.160)

개인의 자질이나 역량을 선택적으로 보존한다는 점에서 두 가지 노선은 금전적 방향과 산업적 방향으로 부를 수 있다. 두 노선을 지적 또는 인식적 지향성으로 고려해 보면, 금전적 노선은 의욕, 질적인 관계, 신분과 값어치를 중시하는 개인적 관점으로 특징화될 수 있으며, 산업적 노선은 인과적 흐름, 수량적인 관계, 기계적 효율성이나 용도를 중시하는 비개인적 입장이다.(p.161)

하류계급은 유한계급의 명성을 모방하고 따른다

명성의 본보기로서 유한계급이 차지하는 규범적 지위는 상류계급의 인생관 가운데 여러 특징을 하류계급이 따르도록 강요하고, 그 결과 언제나 사회 전체적으로 귀족적 특성이 끈기 있게 배양되도록 만든다. 다소 고대적 특성을 지닌 유한계급의 귀족적 인생관이 이식되는 하나의 중요한 통로로써 가정고용인 계급을 들 수 있다. 이들은 주인 계급과 접촉하면서 형성된 좋은 것과 아름다운 것에 대한 관념을 지니고 있으며, 그렇게 해서 얻어진 선입관을 신분이 낮은 동료에게 거꾸로 돌려줘서 지체 없이 좀 더 높은 이상을 공동체에 널리 전파하는 것이다. 이른바 "하인은 주인을 닮는다"는 말은 일반인들이 상류계급 문화의 많은 요소를 재빠르게 받아들인다는 통념보다도 훨씬 더 의미심장하다.

따라서 기질이라는 측면에서 상류계급과 유한계급의 차이는 그다지 크지 않은 것으로 나타난다. 이는 주로 유한계급 제도가 의존하는 과시적 낭비와 금전적 경쟁이라는 광범위한 원리를 일반인들이 수용한 데서 비롯된 것으로 보인다.

유한계급의 제도는 (1) 유한계급 내부에 대해서는 유전을 통해서, 계급 외부에 대해서는 유한계급의 혈통을 어디서나 이식하여 고대적 특성을 직접 전파함으로써, (2) 낡은 고대적 전통을 보존하고 강화하여 유한계급의 혈통이 이식되지 않는 곳에서도 야만인의 특성이 좀 더 많이 남아 있도록 기회를 만듦으로써, 인간의 지배적이고 유력한 본성을 보수적인 방향으로 이끈다.(pp.163-164)

용맹성이 남긴 유산들

유한계급의 생활양식은 대부분 과거의 유산으로 구성되고 초기 야만문화의 습관과 이상적 모습을 대부분 구체화하고 있다. 고대적이고 야만적인 생활양식 자체는 다소 완화된 형태로 하류계급에도 부과된다. 이렇게 전파된 인습적 생활양식은 선택과 교육과정을 거쳐서 인적 자질을 형성하고 그 작용은 주로 초기 야만시대, 즉 용맹성과 약탈생활 시대에 속하는 특성, 습관, 이상적 모습을 보존하는 방향으로 흐른다.(p.165)

호전적인 결투제도는 유한계급의 전유물

약탈시대의 인간을 특징짓는 고대적 인간성을 가장 직접

적이고 명확하게 표현하는 것은 본래의 호전적 성향이다. 유럽문명 국가에서 세습적인 유한계급이 중류계급보다 훨씬 많이 군인정신을 물려받는다는 명제에는 누구나 이견을 달지 않는다. 전쟁은 명예로운 활동으로 간주되기 때문에 호전적 용맹성은 세인의 눈에 매우 명예스러운 것으로 보인다.

습관적인 호전적 정신구조와 어깨를 견줄 만한 유일한 계급은 하층계급의 불량배밖에 없을 것이다. 산업에 종사하는 계급들은 평상시 호전적 관심에 냉담하다.(p.165)

본래의 호전적 활동과는 동떨어지더라도, 결투제도는 우수한 전투 태도의 표현이며 역시 유한계급의 제도이다. 문명사회에서 결투는 본질상 의견 차이에 대한 마지막 해결책으로써 어느 정도 의도적으로 싸움하는 것이다. 문명사회에서 결투는 세습적인 유한계급이 존재할 경우에만 정상적인 현상으로 이뤄지며 또 거의 그런 계급에서만 행해진다.

의견대립을 해소하기 위한 일반적 해소책을 항상 결투에 의존하는 남자는 상류계급의 고귀한 신사와 하류계급의 불량배들밖에 없다.

분쟁과 우열을 다투는 중대한 문제에 대한 최종적 해결 방법으로서 결투제도는, 서서히 변질되어서 훌륭한 명성에 기인하는 사회적 책무인양 의무적이고 까닭 없는 사적 싸움으로 되어간다. 이 같은 유한계급의 결투 관행을 엿보는 대표적 사례는 독일 대학생이 벌이는 결투인데 한마디로 호전적인 기사도를 본뜬 기괴한 유풍이라 할 수 있다. 그런 관행이 사회의 모든 계급으로 확산되면 소년들 사이에서도 결투가 유행하게 된다. 사내아이들은 보통 자신과 다른 친구들 중에서 누가 싸움을 잘하는가를 매일 확인하며 실력에 따라 서열을 매긴다. 소년들 세계에서 흔히 걸어오는 싸움을 회피하거나 도망가게 되면 명성의 기반을 획득하지 못한다.(p.167)

유한계급과 범법자 계급의 특성은 소년기와 청년기, 즉 좀 더 초기 문화단계에서 정상적이거나 습관적이었던 특성을 성년기의 생활까지 끌고 들어간다는 것을 잘 보여 준다. 약탈과 폭력으로 명예를 추구하는 기질을 타고난 사람들이 사회에서 청소년들의 발달 습관에 영향을 미치는 자리에 있다면, 용맹성을 보존하고 고대의 야만문화로 복귀하는 데 미치는 영향력은 대단할 것이다. 이 사실은, 예컨대 최근 들어 '소년단(boys' brigade)'과 같은 군사형 조직들에 대한 성직자와 기타 사회지도층 인사들의 관심이 대단할 정도로, 의미를 갖게 되었다.

스포츠에 열광하는 이유는 약탈적 경쟁을 상대적으로 많이 보유하고 있는 고대정신의 구조 때문이다. 모험적으로 공훈을 추구하거나 상해를 입히려는 성향은 일반적으로 스포츠 정신(sportsmanship)이라는 특수한 용어로 지칭되는 활동을 통해서 더욱 분명하게 표현된다.

스포츠는 약탈문화로부터 전승되어서 일상생활의 여가활동에서 최고형태로 발전한 명예로운 활동인 만큼 예의범절 면에서도 충분히 인정받는 유일한 옥외활동으로 자리 잡았다.

명예로운 생활규범은 과시적 여가로 분류될 수 없는 모든 활동을 유한계급의 생활구조에서 쫓아내버린다. 그런데 목적 없는 육체활동은 못내 지루하고 견딜 수 없이 싫증이 난다. 따라서 앞서 지적한 대로 설사 목적이 위장된 것이라도 그럴듯하게 구실을 제공하는 활동 형태를 갖출 수밖에 없다. 바로 스포츠는 이처럼 목적을 그럴듯하게 포장하는 것과 아울러 본질적으로 (과시적 낭비와 과시적 여가에서) 요구되는 무익성 (futility)이란 필수조건을 만족시킨다. 이밖에도 스포츠는 경쟁의 장을 제공하고 그 덕분에 매력을 자아낸다.(pp.169-173)

스포츠 정신과 약탈적 남성의 공통점

일반적으로 스포츠 생활을 통해 길러지는 남성다움의 요소에는 칭찬할 만한 것이 많다. 거기에는 막연하지만 자신감과 우애라고 할 만한 것이 있다. 그렇게 특성화된 성질들을 다른 관점에서 표현하자면 공격성과 당파심이라고 말할 수도 있다. 현재 남자다운 자질이 세상에서 인정받고 칭찬되거나, 게다가 사람들이 남자답다고 부르는 이유는, 그런 성질이 개인에게도 유용하기 때문이다. 공동체 구성원 중에서, 특히 취미기준을 선도하는 계급은 남자다운 자질을 타고났기 때문에 그렇지 못한 성향의 소유자를 결함 있다고 생각하며, 이 례적으로 많은 사람들이 그들을 뛰어난 장점의 소유자로 평가하는 경향을 보인다. 약탈적인 남자들의 특성은 현대 일반인들 사이에서 결코 사라질 수 없을 것이다.(p.175)

유한계급에 새로이 쉽게 진입하려는 사람이라면 누구나 스포츠를 즐길 필요가 있다. 그래서 충분한 부가 축적되어 상당수의 구성원들이 노동에서 면제받는 사회에서는 스포츠와 스포츠 정신이 급속하게 발달하는 것이다.

육식동물적인 약탈충동이 모든 계급에 동일하게 분포되어 있지 않다는 증거로 제시되는 평범하고 잘 알려진 사실이 있다. 산보용 지팡이를 들고 다니는 습관인데, 이것은 현대생활의 양상에 비추어 본다면 별로 대수롭지 않게 보일지 모른다. 하지만 그런 관행은 문제의 핵심과 직결될 정도로 중요한 의미를 지닌다. 이런 습관이 가장 일반화되어 있는 계급, 즉 일반적으로 산보용 지팡이와 결부되어 있다고 여겨지는 계급들은 누구보다도 본래의 유한계급 남자, 스포츠맨과 하류계급의 불량배들이다. 여기에 금전적 직업에 종사하는 사람도 포함되어야 할 것이다.

지팡이는 그것을 들고 다니는 사람이 (인간 생활에 기여하는 재화생산과 노동활동 등의) 유용한 노력을 기울일 필요가 없는 직업에 종사하고 있다는 것을 과시하는 선전목적에 기여하며, 이로써 그것은 유한계급의 증거로써 효용성을 가져다준다. 또한 지팡이는 무기로도 사용할 수 있기 때문에 야만적인 남자의 절실한 요구를 만족시킬 수 있다. 평균적인 용맹성밖에 갖지 못한 사람조차도 눈에 보이는 원시적 무기를 들고 다니면 아주 든든한 기분이 들 것이다.(p.176)

스포츠, 도박, 약탈, 속임수, 술수, 흉계

직접 참여하든 감정이나 도덕적으로 지지하든 간에 고대 스포츠에 대한 열광은 유한계급이 어느 정도 지닌 뚜렷한 특성이다. 그것은 유한계급과 신분이 낮은 하류계급의 불량배가 함께 공유하는 특성이며, 우세한 약탈경향이 몇 세대에 걸쳐서 사회 전체적으로 다시 나타나는 격세유전(atavistic)의 요소에서도 공유하는 특성이다.

야만인들의 생활을 관찰하면 알 수 있듯이 용맹성 또는 무용(prowess)은 폭력과 속임수라는 대표적 방향으로 표출된다. 이 두 가지 표현방식은 정도 차이야 있겠지만, 현대의 전쟁, 금전적 직업들, 스포츠와 게임을 통해서도 엇비슷하게 나타난다. 전략 또는 속임수는 전투와 사냥은 물론 도박에서도 변함없이 등장하는 요소이다. 이런 모든 활동을 통해서 전략은 술수와 흉계, 기만행위 등으로 발달하는 경향을 보인다. 기만, 거짓, 공갈 등은 일반적으로 모든 운동경기의 진행이나 게임에서 부동의 위치를 차지하고 있다. 이런 성격을 갖는 스포츠에 습관을 들인다면 분명 남을 속이는 소질도 좀 더 완벽하게 발달시키는 데 도움이 될 것이다.

또 하나 주목할 만한 사실은 운동선수들을 비롯한 기타 스포츠맨의 외모 중에서 가장 뚜렷한 특징은 매우 단단하고 날렵한 체격이다. 율리시스의 천부적 재능과 공적은 경기를 실제로 발달시켰다는 점에서나, 민첩한 스포츠맨으로서 동료들로부터 갈채를 받는 것으로 보아 아킬레스에 못지않은 것이다.

그러나 사나움과 민첩성이라는 두 가지 야만적 특성은 약탈적 기질이나 정신적 태도를 조성하는 경향이 강하다. 이 특성은 협소하고 이기적인 사고습관의 표현이다. 또 차별화된 성공을 추구하는 개인들이 편의를 도모하는 데 상당히 도움을 주는 특성들이다. 게다가 두 특성은 심미적으로 높은 가치를 지니고 있어서 금전적 문화에 의해 길러진다. 그러나 두 가지 특성 모두는 집단생활의 공동 목적을 위해서는 전혀 쓸모가 없는 것들이다.(pp. 180-182)

행운에 대한 믿음

도박성향은 야만적 기질의 또 다른 부수적 특징이다. 이런 성향은 스포츠맨과, 일반적으로 호전적이며 경쟁적 활동을 즐기는 사람들에게서 보편적으로 일어나는 변종 성격이다.

도박성향을 오직 약탈적 유형의 인간성에만 속하는 특징으로 분류하기에는 어딘가 의심스럽다. 도박습관의 주된 요인은 행운에 대한 믿음이다. 행운에 대한 믿음은 약탈문화를 거치면서 오늘날 스포츠 기질로까지 형태를 갖추어 발달해 왔다. 그러나 행운에 대한 믿음은 근본적으로 약탈문화보다도 더 오래전에 형성된 습관이다. 그런 믿음은 사물을 정령 숭배적(animistic)인 각도에서 이해하는 방식의 하나라고 할 수 있다.

행운에 대한 믿음은 본질적으로 오래전에 야만문화로 유전되고 형질변화를 거친 다음 약탈원리의 특수형태 속에서 인간발달의 후기단계로 전달되어 온 특성처럼 보인다.(p.183)

행운에 대한 믿음은 내기도박을 통해서 본연의 약탈적인 충동을 보조하는 동기로써 표출된다. 그런 믿음이 내기도박의 형태로 표현되는 한 약탈적 성격의 전형을 구성하는 필수적 요소로 간주될 수 있다. 행운에 대한 믿음은 연속되는 현상들 가운데에서 우연적 필연을 느끼는 감각이다.(p.184)

애니미즘의 정령숭배는 산업의 효율성을 저하

경제이론의 입장에서 보면, 행운에 대한 믿음, 그리고 사물이나 사건의 초인과적 경향 내지는 추세에 대한 믿음, 바로 이 두 가지의 요소나 단계는 본질적으로 동일한 성격을 갖고 있다. 이러한 두 가지의 믿음은 사실이나 사건을 접하는 개인의 습관적인 관점에 영향을 미치고, 그런 사고습관은 개인이 산업의 목적에 기여하는 바를 좌우한다는 점에서 경제적 의미를 갖는다.

오늘날 복잡한 산업과정에서 개인이 가장 유용한 존재가 되려면 사실의 인과관계를 쉽게 이해하는 성향과 사고습관을 타고나야 한다. 산업과정은 전체적으로 보나 세부적으로 보나 수량적 인과관계에 입각한 과정이다. 산업과정상 현장

감독자와 노동자에게 요구되는 '지능'이란 수량적으로 결정되는 인과적 작업절차를 이해하고 적응할 수 있는 능력에 불과하다.

개인이 유전되어 내려온 소질이나 독자적 훈련만으로 모든 사실과 결과를 인과관계 또는 사실적 내용(a-matter-of-fact) 이외의 방식으로 설명하고자 한다면, 그것은 생산적 효율이나 산업적 유용성을 저하시킬 것이다. 사실을 정령숭배적 방식으로 이해하는 방식은 경제적 효율의 저하를 낳는다는 것이다.

현상을 인과적으로 이해하고 편견에서 벗어나는 일은 산업에 관계하는 사람들에게도 필수적으로 효율이나 능력향상을 위해 반드시 요구된다. 애니미즘의 정령숭배적 습관은 모든 인과관계를 파악하기 어렵게 만든다.(pp. 186-188)

약탈기질, 신분의식, 인격신의 숭배는 모두 야만문화

정령숭배의 습관은 그것이 산업에 직접 끼치는 영향들과는 다른 이유 때문에 경제이론과 관련해서 일정한 의의를 가지고 있다.

애니미즘의 정령숭배적 습관은 의인화(anthropomorphic, 신에게 인간의 모습과 속성을 부여하는 태도)된 인격숭배 의례로 발달하는 과정에서 경건한 규약이나 실질적인 결과를 생성한다. 이는 (1) 앞장에서 이미 시사한 바와 같이, 그 사회의 재화소비와 지배적 취미규범에 영향을 미친다는 점, 그리고 (2) 우등한 존재와의 관계를 인식하는 습관을 유도하고 보존함으로써 신분과 충성심에 대한 일반적 관념을 견고히 한다는 점에서 중요시된다.

약탈기질, 신분의식, 의인화된 인격신의 숭배의례. 세 가지는 모두 야만문화에 속한다. 그리고 야만문화 수준의 공동체에서 출현하기 시작하는 이런 세 가지 현상들 간에는 어떤 상호관계가 존재한다. 사회구조의 한 특징으로서 신분관계는 약탈생활 습관의 소산이라는 사실은 이미 앞에서 거론하였다. 신분관계의 기원을 추적해 보면 신분이란 본질적으로 약탈적 태도의 정교한 표현이라는 것을 알 수 있다.(pp.190-191)

이런 경우에 경제이론과 직접 관계가 있고 또 당연히 고려되어야 할 심리적 특징은 다음과 같다. (1) 이전에도 언급했지만, 용맹성 내지는 무용이라 불리는 약탈적이고 경쟁적인 사고습관은 보편적 속성인 인간의 제작본능이 야만시대에서 변종된 것에 불과한 것이다. 그런데 여기서 제작본능은 서로 경쟁하며 차별화하려는 비교 습관에 이끌려 특수한 형태로 전락하고 말았다. (제작본능은 생산적 효율성과 유용성을 칭찬하고 무익성과 쓸데없는 낭비를 혐오하는 인간의 보편적 성향이다. 그런데 제작본능은 용맹성으로 변질되어 남과의 경쟁에서 차별화하는 것이 추구하는 목적이 되고 사고의 습관이 된 야만시대에 와서는 성공과 관련이 없는 쓸데없는 노력이나 무익함을 혐오하는 형태로 표현양태를 바꾸게 된다.)

(2) 신분관계는 사회적으로 공인된 기준에 맞춰 측정되고 등급이 매겨짐에 따라서 나타난 차별화된 비교의 형식적 표현이다. (3) 의인화된 인격숭배 의례는 적어도 그것이 성행했던 초기에, 열등하게 간주된 인간과 우등하게 신봉됐던 인격화된 초자연적 힘 사이의 신분관계라는 특정한 요소(예를 들어, 하늘의 아들인 천자와 일반 백성)를 가진 제도이다. 이런 사정을 감안한다면 인간성과 인간생활을 구성하는 이 세 가지 현상들 사이에 존재하는 긴밀한 관계를 인식하기는 결코 어렵지 않다.(p.192)

종교의례

앞에서 스포츠 기질을 논의했듯이, 사물과 사건에 깃든 애니미즘적인 정령숭배 성향이 스포츠맨의 도박습관에 정신적 기반을 제공한 것으로 나타났다.

(그날 운에 따라 운동경기와 게임의 승패가 자주 좌우되듯이) 스포츠에 널리 퍼져 있는 도박심은 부지불식간에 종교의례 속에서 만족을 구하는 정신구조로 점차 변모하고 있다.

스포츠와 도박기질에는 공통적으로 포함하는 본질적이고 심리적인 요소가 있다. 그러한 요소들은 사태의 전개과정에서 불가해不可解한 성향에 대한 믿음이나 초자연적 힘의 개입을 믿으며, 이런 신조의 숭배자와 예배형식을 따르는 신도를 만들어 낸다.

이런 초자연적인 힘에 대한 믿음들이 결합하면, 한편으론 요행수의 전제조건과 일치되는 행동이 본능적으로 형성되며 (예를 들어 운동선수들은 시합 당일 아침 생선을 뒤집어 먹지 않는다. 왜냐면 역전패당하기 때문이다), 다른 한편에서는 신성神性의 불가해한 명령에 대해 어느 정도 종교적으로 복종하는 경향이 동시에 나타나는 것이다.

스포츠 기질과 불량배 계급의 기질 사이에도 바로 이런 공통점이 있다. 두 기질은 모두 인격신 숭배의례에 이끌리는 기질과 관계가 있다. 불량배나 스포츠맨 모두 평균 일반인보다도 공인된 어떤 신조에 집착하는 경향이 많고 종교의례에 이끌리기도 한다. 실제로 운동경기에 습관적으로 참가하는 사람은 특히 종교생활에도 상당히 열의를 보인다는 사실을 내세워 스포츠 생활도 칭찬할 만한 활동이라는 주장을 집요하게 제기한다.(pp.194-195)

종교와 도박, 스포츠에 남아 있는 야만적 잔재

애니미즘의 정령숭배 감각과 경쟁성향을 활성화하는 게임은 좀 더 대중화된 숭배의례에 부합하는 사고습관을 형성시키고 보존하는 데 기여한다. 이에 따라 경쟁적 성향과 교단敎團 소년들의 신분감각을 발달시키는 '기독 소년단'을 비롯한 여러 단체들이 성직자의 재가를 받아 조직된다. 이들 유사

군사조직은 경쟁적이고 차별화된 비교성향을 정교화하고 강화시킴으로써 개인적 지배와 복종관계를 깨닫고 인정하도록 만드는 본래 능력을 강하게 한다. 그래서 믿는 자, 즉 신앙인은 신의 징벌을 은총으로 알고 순종하여 받아들이는 방법에 뛰어난 사람을 말한다.

종교적 생활, 즉 애니미즘의 정령숭배적 사고습관을 구성하는 다른 보충적 요소들이 있다. 이것은 성직자들이 재가한 제2의 관행적 범주를 통해 이뤄지고 보존된다. 이런 활동은 도박성 활동으로 분류되는데, 전형적 활동으로 교회에서 벌이는 바자회와 행운권 추첨판매(raffle, 미국에서 티켓을 미리 팔고 추수감사절 같은 날에 추첨해서 경품을 주고 나머지 돈으로 기금을 마련하는 방법) 같은 행사를 들 수 있다. 행운권 추첨판매 행사나 자잘한 도박성 활동들에 종교적인 사고습관을 적게 가진 사람들보다는 종교단체의 일반회원이 한층 더 마음을 둔다는 점을 주목해야 한다.

종교의례에 익숙해진 습관은, 남과 차별적으로 비교하고 행운에 기대는 습관을 활성화시키는 운동경기와 모든 게임을 선호하도록 하는 성향 발달에 유리하게 작용한다는 것이다.(pp.196-197)

야만인의 인간성은 약탈본능과 애니미즘의 정령숭배적 관점 두 가지에서 모두 우세한 경향을 보인다. 약탈적 공동체의 생활양식에서 보편화된 규범은 우등한 자와 열등한 자, 고귀한 자와 비천한 자, 지배자와 피지배자, 지배계급과 피지배계급, 주인과 노예 등의 관계를 규정한다. 인격신 숭배의례는 약탈단계에서 산업발전 단계로까지 내려와서 경제적 분화, 즉 생산자와 소비자로 분화되는 양식을 형성하였는데, 이것은 주인과 노예라는 복종 원리를 근거로 이뤄진 것이다.

인격화된 신은 예전에 발생한 모든 문제에 일일이 개입하고 권능―최후 심판자로서 힘에 습관적으로 의존하는 것―의 주인으로서 권세를 자의적으로 행사하려는 경향이 있다.

일반인들은 신의 본성과 기질에 아직도 야만적인 개념의 잔재가 남아 있는 것으로 이해하고 있다.(pp.198-199)

종교적 소비활동 역시 과시적 낭비에 포함된다

평화로운 산업사회의 목적에 가장 잘 공헌하는 사고습관은, 물리적 사실을 단순한 기계적 인과관계 속에서 이뤄지는 명백한 사항으로 인식하는, 사실적 접근 기질이다. 이런 사고구조는 사물에 대해 애니미즘적 성향을 본능적으로 투사하지 않고, 난해한 현상을 설명하기 위해 초자연적인 존재의 개입을 거론하거나 의존하지도 않으며, 인간의 용도에 맞게 사건의 전개과정을 보이지 않는 손에 의존하지도 않는다. 현대적 조건 아래서 경제적 효율성을 최고로 올리는 데 필수적인 조건들을 충족하려면, 반드시 수량적이고 비감정적인 물리력과 인과관계에 입각해서 세계의 진행과정을 이해하는 습관을 지녀야 한다.(p.199)

종교의례는, 약탈적 사고습관을 수반하기 때문에 산업적으로 도움이 되지 않는 특성들을 현존시키는 기질이 부수적으로 변형되어 나타난 지표로서 경제적 의미를 갖는다. 종교의례가 지닌 좀 더 직접적인 중요성은 특히 재화의 분배와 소비 면에서 사회의 경제활동을 수정하고 개량하는 데 있다.

종교의례와 경제가 맺고 있는 뚜렷한 관계는 재화와 용역의 종교적인 소비활동에서 찾아볼 수 있다. 모든 종파에서 요구되는 신전, 사원, 교회, 제복祭服, 제물, 성찬, 성스러운 휴일의 치장 등은 직접적인 물질적 욕구에 전혀 기여하지 않는다. 따라서 이런 모든 의례용품은, 비난하려는 뜻은 아니지만 과시적 낭비의 목록에 집어넣어도 될 것이다.(p.201)

성스러운 휴일이나 일반적으로 축제일은 대부분의 사람들에게 조세 공과公課의 성격을 띠고 있다. 그런 조세 공과는 대리여가활동으로 지불되며, 여기서 휴일로 제정될 만큼 명성이 높은 인물이나 (역사적) 사실은 명예가 다시 높아지는 효과를 얻게 된다. 십일조와 같은 대리여가활동은 초자연적인 유한계급의 구성원(예를 들면 초자연적인 존재인 신과 소통하는 종교사제들) 모두에게 이득이기 때문에 그들의 명성을 위해서 결코 빠뜨릴 수 없는 것이다. 그래서 '사람이 축제일을 마련해 주지 못한 성자'는 참으로 운이 나쁜 성자이다.(p.203)

성직자 계급을 넘어선 좀 더 높은 곳의 서열은 대체로 성자, 천사 등과 민족종교에서 이와 동급인 존재들인 초인적 대리 유한계급으로 나타난다. 이러한 초자연적인 계급들의 명성도 거의가 대리소비활동과 대리여가활동이라는 일정한 조세 공과를 요구한다.(p.207)

현대 산업생활에서 반복적으로 주입되는 관점에서 보면, 모든 현상은 항상 기계적 전개과정의 수량적인 인과관계 속으로 포섭된다. 빈민계급은 이러한 관점을 수반하는 기초과학의 일반법칙을 습득하고 소화하는 데 필요한 조금의 여유도 갖고 있지 못하며, 게다가 금전적으로 우월한 자들에게 의존하거나 예속되는 처지에 놓여 있기 때문에 신분제도의 고유한 사고습관을 실제로 벗어나기가 매우 어려울 수밖에 없다. 결국 빈민계급은 어느 정도 일반화된 신분제적 사고습관을 가질 수밖에 없다. 그것은 신분관념에 대한 개인의 강한 의식과 신앙심으로 나타난다.(p.208)

상류계층의 금전적 직업과 종교적 만족

예외적이고 우발적인 이탈을 감안해서, 현재 미국사회의 상황을 간략히 요약하면 다음과 같은 규칙이 도출된다. 미국

사회에서 경제적 능력과 지능이 낮은 계급은 일반적으로 신앙심이 강하고 종교적이다. 예를 들면 남부의 흑인, 하류계급의 이주민, 농촌 주민, 그중에서도 교육이나 산업발전단계에서 뒤떨어져 있거나 국내산업의 다른 부문과 접촉이 드문 농촌 주민은 대부분 신앙심이 깊다.(p.210)

상류 중산층 계급의 남자들은 일반적으로 기술자 계급의 남성보다 종교의례에 대해서 훨씬 만족스러운 태도를 취한다. 금전적 직업은 자의적인 지배와 복종관계의 성질을 상당히 강하게 띠고 있으며, 적어도 기민한 행동이나 약탈적 속임수도 적잖게 지니고 있다.

남부지역의 유한계급은 다른 지역에서 동등한 금전을 보유한 어떤 계급보다도 종교의례에 열을 올린다. 남부의 종교적 신조가 북부에 비해서 훨씬 구시대적이고 낡았다는 사실은 잘 알려져 있다. 남부의 구시대적인 종교생활은 산업발달이 더 뒤떨어진 지역에서보다도 자주 발견된다. 남부에서 제작된 기계제품은 빈약하고 조잡하여 수제품 같으며 지배와 복종의 요소도 훨씬 많이 있다. 또한 지역주민들 간에는 고대적 성질의 비행이 다른 지역보다 더 일반적으로 행해지고 있으며 지금도 그렇다. 예를 들어 결투, 말다툼, 불화와 반목, 술주정, 경마, 투계, 도박, 남성들의 성적 방종 등을 보면 이를 알 수 있다.

역시 더 생생한 명예관념이 보이는데, 그것은 스포츠맨십의 표현이며 약탈생활의 파생물일 뿐이다.(pp.212-213)

비차별적 관심의 존속

유한계급의 생활양식에서 실질적 규범은 시간과 자산을 과시적으로 낭비하고 산업과정에서 철수하도록 만든다. 그런 반면 여기서 우리들이 문제 삼고 있는 특유한 성향은, 경제적 측면에서 낭비와 무익하고 쓸데없는 생활방식을 비난하는 것으로 나타난다.

유한계급의 규범은 금전적으로 체면유지를 목적으로 인간 활동을 이끌면서 산업과정에는 불참할 것을 집요하게 강조한다. 사회에서 비금전적 계층이 습관적으로 할 수밖에 없는 노력 활동을 금지하는 것이다.

이러한 유한계급의 금지 규정은 다른 곳으로도 작용한다. 특히 진보한 산업사회에서 상류계급과 중상류 유한계급의 여성들은 금전적 직업 활동에서 요구되는 준準약탈적인 방법으로 부를 축적하는 경쟁과정에서 후퇴할 것을 규정하는 방향으로 나가는 것이다.

경쟁심 때문에 제작본능의 충동이 변종되어 나타난 유한계급의 금전문화는, 최근의 발달과정을 보면 효율성 또는 심지어 금전상의 지위를 차별화하는 비교습관을 제거하기 시작하면서, 그 자체의 고유한 문화적(금전문화) 기반을 희석해 간다.

유한계급의 남성과 여성들이 이웃 동료들과 경쟁적으로 투쟁하면서 생계수단을 구해야 할 필연성에서 어느 정도 해방되었다는 사실은, 비록 이들이 경쟁적 투쟁에서 성공하는 데 필요한 적성을 타고나지 않았어도 살아남을 수 있을 뿐만 아니라 허용된 범위 내에서 만큼은 자기가 좋아하는 성미에 따라 행동할 수 있다는 것을 의미한다.(pp.218-219)

부자들의 기부도 또 다른 과시행위

신분제도가 여전히 존재하는 한, 유한계급이 목적 없이 낭비적 소모로 시간을 죽이는 대신에 다른 비생산적 활동에 시간을 투자하는 한, 유한계급이 자신들의 명성을 지기기 위한 생활양식과 동떨어져 산다는 것은 기대할 수 없다.

경제발전이 진행되고, (약탈할 수 있는) 대형 사냥감이 사라지고, 전쟁이 줄어들고, 전제정치가 철폐되고, 성직제도가 쇠퇴함에 따라 명예를 높이기 위해 비생산적으로 행동하려 는 인간성향은 배출구를 찾지 못하게 되었다. 그런 배출구들 이 완전히 막히게 되면 사태도 변하기 시작한다. 인간의 생활 이란 한 방향에서 출구를 찾지 못할 것 같으면 다른 쪽에서라 도 찾아야 한다. 따라서 약탈기질의 배출구가 막힌다면 다른 방향에서 활로를 찾게 된다.

앞서 지적했듯이 어떤 집단보다도 발전된 산업사회에서 유한계급의 여성들은 금전적 압박에서 많이 벗어나 있다. 그 래서 여자들은 남자보다도 훨씬 뚜렷하게 서로 경쟁하지 않 는 비차별적(non-invidious) 기질로 역행하는 듯이 보일 수 있 다. 유한계급의 남자들 간에도 이기적인 것으로 분류될 수 없 고 또 타인과 견주려는 차별적 구별을 갖지 않는 활동이 그 범위와 규모를 확대하고 있음을 확인하게 된다. 예를 들어, 기업의 자금을 관리하는 경영과정에서 산업에 참여하는 사 람이 늘어나고 있는데, 그들은 공정이 잘 돌아가고 산업이 효 과적으로 수행되는 모습에 어떤 흥미와 자부심을 갖고 있는 것이다. 심지어 산업적으로 어떤 개선이 이루어졌지만 이익 이 창출되지 못한 경우라도 그다지 상관하지 않는다.

차별화하려는 목적과는 다른 방향에서 삶을 추구하려는 경향은 사회개량 활동을 취지로 하는 다양한 단체를 만들어

냈다. 잘 알려지고 성격이 분명한 단체들만 거론해 보자면, 금주운동을 비롯한 갖가지 사회개선 운동, 형무소 개혁운동, 교육기회 확대운동, 범죄추방운동, 중재나 군축을 비롯하여 모든 수단을 동원한 반전운동 등을 주도하는 단체가 있다.(p.220)

물론 이런 노력들이 이기적 동기와 전혀 다른 동기에서 이뤄진다고 말하려는 것은 아니다. 그런 사업을 수행하는 자극제에는 별도의 이질적인 동기, 즉 이기적 동기에다 특히, 차별화하려는 구별동기가 존재한다는 사실은 농담거리가 될 정도로 잘 알려진 사실이다. 사심이 없고 공익정신이 뚜렷한 사업이라도 이를 추진하는 사람에게 명성을 가져다주고 심지어는 금전적 이득까지 안겨 주기도 한다. 예를 들어 방대한 자금을 과시적으로 지출하여 대학교나 공공도서관, 박물관을 운영하고 투자하는 일은 기증자의 명성을 뚜렷이 드러내는 데 딱 맞는 사업이다.(pp.220-221)

빈민에 대한 자선과 생활안정, 산업적 효율의 증대

예를 들어 대도시 빈민들의 삶을 개선한다는 미명 아래 한창 유행하고 있는 수많은 활동들은 대부분 본성상 문화선전사업(a mission of culture)의 성격을 띠고 있다. 이런 문화선전활동으로 상류계급이 보유한 문화요소들이 빠르게 하류계급의 일상생활에 수용될 수 있다. 상류계층의 사회개량 운동에 대한 열의와 배려로 이뤄지는 '생활안정'은 대개 빈민의 산업적 생산력을 향상시켜 주고 그들이 보유한 수단을 산업에 더 적합하게 사용하도록 가르치는 데 집중된다.(가족이 뿔뿔이 흩어진 빈민들의 생활을 안정시켜 주고 가정을 정상적으로 꾸리도록 공장에라도 취업시켜 준다면 이들이 갖고 있는 가족 노동력은 모두 산업적 노동력으로 집중될 것이다. 새삼 베블런의 통찰력을 돋보이게 해 주는 대목이다.)

이런 것에 못지않게 격식을 갖춘 상류계급의 매너와 관습들이 반복적인 충고와 시범을 통해서 빈민들에게 지속적으로 주입되고 있는 것도 사실이다. 이런 예법들의 경제적 본질을 면밀히 따져보면, 대개는 시간과 재화를 과시적으로 낭비하는 방식이라는 것도 알 수 있다.

문화선전 활동 대부분은, 신분제와 금전적 체면유지 원칙 아래서 유한계급의 공식화된 규범에 적응해 온 새로운 취미와 예법절차를 주입한다. 이러한 새로운 예법은 산업적 생산과정 바깥에서 살고 있는 사람들의 상류계급적 요소가 교묘한 코드에 실려서 하류계층의 생활양식에 침투하는 것이다.(p.224)

물론 어떤 사업이 기부자의 명성을 높이고 명예로운 미덕을 가져다주는 것은 이러한 비차별적인 동기에서 출발했기 때문이다. 하지만 그런 기금지출을 행하도록 유도하는 차별적인 관심(invidious interest)을 숨긴 것은 아니다. 온갖 종류의 비경쟁적 사업들도 경쟁욕구와 차별욕구에서 비롯된 동기들의 영향을 받는다는 사실은 앞에서 거론한 사업 중에서 어느 것을 살펴봐도 충분히 확인할 수 있다.(p.227)

신분감각에서 벗어나려는 새로운 여성운동

금전적으로나 사회적으로 동급에 속하는 유한계급의 여성이 같은 남성보다도 더 무익하고 낭비적인 생활, 즉 사치스러운 생활을 강요받는 까닭은 그녀들이 (남성 가부장을 대신해서 뽑내 주는) 대리유한계급이라는 데 있다.

모든 사회에서 여성이 차지하는 지위는, 어떤 사회가 도달한 문화수준을 가장 뚜렷하게 말해 주는 지표이다.

고상하고 아름다운 생활양식, 말하자면 우리가 습관화되어 익숙한 양식은 여성에게 일정한 역할을 배정하였는데, 그것은 바로 남성의 활동을 내조하라는 것이었다. 여자들은 전통적으로 배정받은 역할을 조금이라도 벗어나면 여자답지 못한 것으로 간주된다.

남녀의 사회적 관계는 천성적으로 고정되어 있다. 우리의 전체 문명은—즉 문명에서 보기에 좋은 것은 모두—가정에 기초해 있다. 그런데 여기서 '가정'이란 남자를 가부장으로 두는 가족을 말한다. 이런 관점은 문명사회의 보통남자들뿐만 아니라 여자들 사이에서도 여성의 지위를 바라보는 지배적 관점으로 자리 잡고 있다.

그렇지만 현대여성 중에는 젊은 열기, 교육, 타고난 기질 때문인지 야만문화가 물려준 신분적 전통에서 어느 정도 이탈해 있어서 다루기 힘든 경우가 있다. 이런 여성은 너무나 활달해서 도저히 가만있을 수 없다는 불만감 때문에, 자기표현과 제작본능의 충동으로 과도하게 복귀하려는 경향이 있다.

'신여성운동'―여성의 지위를 빙하기 이전으로 회복시키겠다는 맹목적이고도 일관성 없는 노력을 이렇게 불렀던 것이다―은 적어도 두 가지 성격을 뚜렷하게 갖고 있다. 두 요소 또는 동기는 '해방'과 '노동'이라는 이중적 표어로 대표된다. 이들 표어는 광범위하게 퍼져 있는 어떤 불만감을 대표하는 구호처럼 인식되고 있다. 이런 불만감은 마땅히 사라져야 하는데, 대체로 산업이 가장 발달한 사회의 상류계급 여성들 사이에서 가장 많이 팽배하고 표현의 출구도 제일 많이 발견된다.

어떤 의미에서 신여성운동은 좀 더 일반적 유형의 인간형질(초기 평화스러운 공동체에서 남성과 동등하게 생산적 노동에 종사하고 제작본능의 창의성을 발휘하던 여성의 종족적 특질)로 복귀하거나, 초기 미분화된 형태에서 발현되었던 인간성으로 되돌아가려는 표현이다.

현대 산업사회 전반에 걸쳐서 발견되는 신분감각의 쇠퇴 현상도 어떤 면에서는 이런 경향을 확인시켜 주는 증거일 수 있다. 즉, 인간생활의 무익성을 비난하고, 집합체와 기타 사회집단의 희생을 요구하며 개인적 이득에만 몰두하는 활동을 비난하는 것도 이에 대한 강력한 증거가 된다.(pp.229-233)

금전문화를 표현하는 고등학문

　　초기 유래과정과 발달을 보면, 학문은 사회에서 종교적으로 경건한 행사, 특히 초자연적인 유한계급을 위해 예배하던 의례와 밀접한 관련을 맺고 있다. 원시종교에서 초자연적 힘을 위무하기 위한 제례는 사회적 시간과 노력을 산업적으로 유리하게 사용하는 것이 아니다. 따라서 제례는 교섭 대상인 초자연적 지배력을 위해 베풀어지는 대리여가활동으로 분류될 것이다.

초기 학문, 마술적 의례와 샤머니즘의 속임수에 출발

　　초기 학문의 목적은 대부분 초자연적 권력자에 봉사하기 위한 지식과 능력을 습득하는 데 있었다. 따라서 학문은 세속적 주인에게 봉사하기 위해 가사업무를 익히는 것과 유사한 성격을 띠었다.

외부세계에서 움직이는 불가해한 권력자를 섬기는 성직자들은 그런 권력자와 무지한 평민들을 연결하는 중개자 역할을 담당하기 시작했다. 왜냐하면 성직자는 권력자 앞에 나설 수 있는 초자연적인 예법에 관한 지식을 소유하고 있기 때문이다. 그리고 성직자는 (자신이 섬기는 주인으로서) 지배자가 자연적이든 초자연적인 성격을 갖든 간에 지배자와 세속인 사이에서 중개자 역할을 할 때, 불가해한 권력자는 언제나 소망을 이뤄 주고 있다는 점을 세속인들에게 각인시켜 줄 수단이 있으면 편리하다는 것을 알았다.

이에 장엄한 연출효과를 내는 데 써먹을 수 있는 자연과정에 관한 지식은(예를 들어 개기 일식에 미리 맞춰서 하늘이 노할 것이라고 예견하는 일), 요술과도 같은 날랜 손재주와 더불어 성직자의 학문에 불가결한 부분으로 자리 잡게 되었다. 이러한 근거 속에서 학문은 하나의 제도로 나타나고 자라났다.

이처럼 마술적인 의례와 샤머니즘적 속임수를 모태로 해서 학문이 분화되었지만 그 과정은 더디고 지루한 것이며, 가장 진보했다고 여겨지는 오늘날의 고등학문 분야에서조차 아직 완전하게 분화를 끝마치지 못하고 있다.

학문의 난해함은 어느 시대에나 그랬던 것처럼 여전히 배우지 못한 사람에게 감명을 주고 심지어는 강제력을 발휘할 정도로 매력적이고 효과적인 요소이다. 그래서 배우지 못한 사람들은 저명한 학자라고 하면 신비한 힘과 서로 통하는 사람으로 평가한다.

어떤 면에서 학문은 성직에 종사하는 대리 유한계급의 부산물로 생겨났으며, 고등학문은 적어도 어떤 의미에서는 최근까지 성직자 계급들의 부산물 내지는 부업으로 존속되었던 것이다.(pp.235-237)

대학의 학사모와 가운, 고대의 낡은 양식으로 회귀하는 징표

가까운 과거와 현재에 이르기까지 교육제도에서 보이는 (종교적) 의례적 특징은 좀 더 (발달단계가 낮은) 저급한 차원의 기술적이거나 실용적인 단계와 분야보다는 오히려 고급하고 자유롭고 고전적인 학문기관과 우세한 지위를 차지했다고 말해도 무방할 것이다.

한 사회에서 부가 축적되고 어떤 특정학교가 유한계급의 기반에 의존하기 시작하면 곧 이어 학문적 의례를 중시하고, 복장이나 사회적·학문적 엄숙함에서 고대의 낡은 양식을 강조하는 경향이 확연히 강해진다.

학사모와 가운의 유행은 이와 같은 것이다. 최근 몇 년 사이에 지역의 많은 대학에서 학사모와 가운은 학문하는 사람

의 표시로 채택되었다.(pp.239-240)

교육체계와 사회공동체의 문화적 규범이 밀접한 관련을 갖는다는 또 하나의 명백한 증거로는 최근 들어 성직자를 대신해서 산업의 총수가 고등학문 교육기관의 수장에 앉는다는 사실을 언급할 수 있다. 교육기관의 수장들은 고도의 금전적 역량을 구비한 성직의 담당자로 받아들여지고 있다. 이와 유사한 경향으로는 뚜렷하지는 않지만, 고등학문에서 교육 임무를 일정한 금전 보유자에게 맡기는 경향도 나타난다.

기업총수가 지닌 관리능력과 사업 활동을 선전하는 기량이 교육자의 자격으로서 과거보다 훨씬 중요시되는 것이다. 이런 능력과 기량은 특히 일상생활과 가장 관계가 깊은 학문에 적용되며, 경제적으로 지원을 아끼지 않는 지역사회의 대학에서는 더욱 그러하다.

이처럼 대학에서 성직의 능력 일부분이 금전적 능력으로 대체되는 과정은, 명성 획득의 주요수단이 과시적 여가에서 과시적 소비로 바뀌는 현대적 이행에 따른 것이다.(p.243)

사회적으로 공인된 학문기관이 최근까지 보수적 입장을 고수했다는 사실은 잘 알려져 있다. 그러한 학교는 혁신에 비난하는 태도를 취해 왔다. 지식의 새로운 관점과 새로운 지식 체계가 학교 밖에서 널리 인정받은 다음에야 학교 내부에서 인정되는 것은 일반적인 규칙처럼 되어 있다.

대개 고등교육기관들은 개혁과 혁신이 전성기를 지나고 유용성을 상실하고 난 다음, 다시 말해서 종전과 단절될 정도의 새로운 학문 지식이나 새로운 관점에 의해 형성된 사고습관 밑에서 자라난 새로운 세대가 그것을 진부하게 사용하는 지적 도구로 전락한 다음에야, 비로소 지식의 내용이나 방법이 선구적 의미를 지녔음을 마지못해 인정하는 일이 다반사였다. 얼마 전까지만 해도 이런 경우는 어디서나 찾아 볼 수 있었다.(p.246)

유한계급의 구성원으로 직접 참여하는 일이 지식을 늘리는 것과 마찬가지가 되는 한, 이들 명예로운 생활규범은 사회의 산업적 생산 활동과 관련된 학문보다는 고전적으로 공식화된 학문에 쏠리도록 만든다. 유한계급의 구성원들이 고전적 지식 이외에 가장 빈번하게 관심을 보이는 분야는 법학과 정치학, 그리고 특히 행정학 분야이다. 그런 학문들은 본질적으로 소유권에 기반을 둔 유한계급의 지배관리 업무에 매우 편리한 실제적 분야이다. 결국 단순한 지적 관심이나 인식욕구의 발로는 아닌 것이다.

유한계급 생활을 대표하는 사고습관은 인간적인 지배관계를 바탕으로 명예, 가치, 유익함, 성격 등의 파생적이고 차별적인 개념 위에 서 있다. 학문의 주제를 구성하는 (사실적) 인과관계는 이런 관점으로는 파악할 수 없다. 유한계급의 주목을 받으면 대체로 학문은 과학적 지식의 탐구보다는 명성 획득과 쓸데없는 무익함에 대한 사색과 연구의 분야로 전락하고 말 것이다.(pp.247-248)

고전, 운동경기, 영어철자법, 낡은 관용어 습득도 모두가 명성을 얻는 길

고전이 여전히 학자들에게 존경을 가져다주는 증명서로서 그 가치를 조금도 상실하지 않았다는 것은 사실이다. 왜냐하면 학자는 시간을 낭비했다고 관례적으로 인정되는 증거로서 어떤 학식을 내세워야 하는데, 고전은 그런 목적을 위해 매우 편리하기 때문이다. 사실상 고전이 시간과 노력을 낭비했다는 증거로서, 이런 낭비를 위해 필수적인 금전적 여유를 갖췄다는 증거로서 유용하다는 점은 의심할 나위가 없다.(p.255)

최근 들어 대학에서 운동경기가 정식 학문분야로 공인받기 시작하면서, 미국과 영국의 각급 학교에서 운동경기는 유한계급의 필수과목으로서 고전과 자리다툼을 하는 분야로 두각을 나타내고 있다. 운동경기는 유한계급의 학문적 목적으로 보아 분명히 고전을 능가한다. 왜냐하면 운동선수로서 성공한다는 것은 시간의 낭비뿐만 아니라 금전적 낭비는 물론 매우 비생산적이며 고대적 특성을 가진 성품과 기질을 전제로 하기 때문이다. 미국의 유한계급 학생들이 학업의 일환으로 참가하는 운동경기나 대학 엘리트 사교클럽(Greek-letter fraternity, 알파 파이 오메가 등 그리스 알파벳 문자를 모임 이름으로 삼으며 결사체 성격을 띠는 남자들만의 폐쇄적 엘리트 사교모임. 비밀 입회식에서 음주강요와 신입회원 괴롭히기를 하는 것으로 소문나 있다)의 역할이 독일대학에서는 단련이 필요하고 격식까지 갖춘 음주벽과 형식적인 결투 형태로 대신되어 왔다.(p.256)

글을 쓰거나 말을 할 때 사용하는 우아한 표현법은 명성을 획득하는 데 효과적 수단이다. 어떤 특정한 주제를 말할 때에는 관례적으로 요구되는 고전적 어법을 어느 정도 알아두는 것이 중요하다. 신조어를 세심하게 피해서 사용하는 것은 명예로운 일로 간주된다. 그것은 폐물이 된 언어적 습관을 습득하는 데 시간을 낭비했을 뿐만 아니라, 사라지고 있는 관용어를 능숙하게 구사하는 사람과 어릴 때부터 교류해 왔다는 증거가 될 수 있기 때문이다.

시시비비와 미적 감각이 유난히 발달한 사람들은 철자법에 조금만 어긋난 글이라도 발견하면 극도로 불쾌감을 느끼고 글 쓴 사람을 불신하게 될 것이다. 영어의 철자법을 정확히 지킨다는 것은 과시적 낭비법칙이 요구하는 명성기준의 필수조건을 만족시켜 준다. 그것은 고대적이고 까다로우며 비효율적인 것이다. 이를 습득하려면 많은 시간과 노력을 소비해야 하기 때문이다. 철자법을 습득하지 못했다는 것은 금방 탄로가 난다. 따라서 철자법을 익히는 일은 학식의 명성을 측정하는 지름길이며, 그런 의례를 준수하는 일이야말로 학자적 생활을 비난받지 않고 수행하는 데 불가결한 요건이다.(p.257)

4부

관련서 및 연보

베블런에서 시작된 소비경제와 문화는 많은 저작물을 통해 발전되어 왔다. 그러나 베블런에 관한 국내 저작물은 『유한계급론』의 번역서 이외는 전무한 실정이다. 아마도 베블런이 비주류 경제학자이기도 하고, 과시적 소비의 이미지가 베블런을 대표한 것처럼 보인 탓도 한몫 거들었으리라 본다.

우선 아쉬운 대로 베블런의 두 번째 저작인 『영리기업론』도 소개되어야 하지 않을까 싶다.

경제학자 중에서 베블런의 삶처럼 외롭고 쓸쓸한 사람은 없었을 것이다. 그가 상대방과 싸우기 위해서 일정한 거리를 항상 유지했다고 말하는 사람도 있다.

아메리카 자본주의와 세계전쟁의 격변기를 헤쳐 왔던 지식인의 고독했던 삶에서 우리가 성찰해야 할 화두는 한두 가지가 아닌 듯하다.

관련서

국내에서 베블런에 관한 책은 『유한계급론』의 번역서 3권을 제외하고는 전무한 상태이다. 경제사상사와 사회사상사에서 지면을 할애하여 베블런을 소개하고 있을 뿐이다. 최근에는 신제도주의와 진화경제학에서 구제도학파의 창시자로 소개되고 있다.

소스타인 베블런, 『유한계급론』, 김성균 옮김, 우물이 있는 집, 2005

Thorstein Veblen, The Theory of the Leisure Class의 국내 번역서는 『유한계급론』(정수용 옮김, 동녘, 1983)과 『한가로운 무리들』(이완재·최세양 옮김, 동인, 1995)이 있으나 절판되거나 구입이 쉽지 않은데, 최근에 마침 새로운 번역본이 출간되었다.

베블런의 유한계급론이 워낙 까다롭고 다음절의 구절들이 많아서 제대로 쉽게 번역해 내기란 쉽지 않다. 그런 책을 적절히 의역하며 번역해내고자 했던 책이다. 그런데도 여전히 번역의 어려움을 보여 주고 읽어 내기도 쉽지 않다.

로버트 L. 하일브로너, 『세속의 철학자들』, 장상환 옮김, 이마고, 2005

경제사상을 대중화시키는 데 천재적 재능을 발휘했던 하일브로너가 위대한 경제사상가들의 생애와 아이디어를 재미있게 집필한 책이다.

제8장 베블런의 눈에 비친 야만사회에서는 그의 사상과 생애를 압축하듯이 그려 놓았다. 더불어 다른 장에서 취급하고 있는 마르크스를 베블런과 서로 대비하는 데도 유익하다.

존 갤브레이스, 『풍요한 사회』, 노택선 옮김, 한국경제신문, 2006

갤브레이스는 21세기의 베블런이라 부를 수 있을 정도로 미국의 현대자본주의와 주류 경제학을 통렬히 공격한다. 베블런의 사상과 방법론이 어떻게 현재에 와서 발전했는가를 아는 데 유용한 책이다.

소비자의 심리적 욕망, 그리고 유한계급의 과시적 소비와 전시효과를 부추기는 광고전략을 갤브레이스는 의존효과라고 불렀다. 현대 소비자본주의가 낳은 풍요로움의 영향과 빈곤문제에 대한 날카로운 지적은 매우 돋보인다.

박정자, 『로빈슨 크루소의 사치』, 기파랑, 2006

소비사회를 살아가는 현대인의 모습을 바타이유, 베블런, 보드리야르 등의 이론 위에서 정확히 파헤치고 있다. 베블런의 과시적 여가와 소비가 현대적 감각 위에서 새롭게 발전하고 있음을 보게 된다.

지은이는 미술과 음악에 관한 깊은 지식으로 현대소비사회에서 유한계급들이 어떻게 중간계층을 따돌리는가도 잘 분석해 주고 있다.

도정일 · 최재천, 『대담』, 휴머니스트, 2005

인문학과 자연과학이 만나는 두 학자의 대담을 통해 자연스럽게 진화의 개념을 터득할 수 있는 책이다. 베블런은 유기체에서 벌어지는 다윈의 진화세계를 사회경제 현상에 접목시켰던 최초의 경제학자였던 만큼, 인문학과 자연과학을 접합시키는 이 책은 많은 시사점을 던져 준다.

강준만, 『대중문화 속의 겉과 속 II』, 인물과 사상사, 2003

대중문화를 분석했던 학자들의 이론이 간결하고 치밀하

게 분석되어 있다. 소비와 문화이론을 언론매체의 기사와 연결시켜 구체적으로 이해를 돕는다. 소비, 문화, 마케팅 등의 내용부터 현대에까지 영향을 미치는 베블런의 지위를 은근히 확인해 볼 수 있는 책이다. 아울러 정보기술과 인터넷시대의 대중문화를 살펴보게 한다.

유기환, 『조르주 바타이유 — 저주의 몫·에로티즘』, 살림, 2006

풍요와 소비사회에서 바타이유만큼 처절하게 낭비의 메커니즘을 분석한 사람은 없다. 과시적 낭비와 파괴는 유한계급만의 독특한 행위가 아니라 우리 세계가 어쩔 수 없이 진행해야만 하는 인간적 숙명이며 유희이다. 소비 속에서 사회적 지위를 결정하는 존재론적 접근은 베블런의 방법론과 떼어 놓고는 이야기할 수 없다. 깊고 날렵한 문체로 『저주의 몫』과 『에로티즘』을 잘 설명해 놓고 있다.

리처드 코니프, 『부자』, 이상근 옮김, 까치, 2003

우리들이 모르는 부자들의 다양한 행태를 동물의 진화세계와 비교하며 적절히 설명해 주고 있다. 여기서 베블런의 과시적 소비, 또는 현저히 눈에 띄는(conspicuous) 소비는 눈에 띄지 않는 조용한 소비로 바뀐다. 현대의 부호들이 남의 눈을 끌지 않으면서 어떻게 끼리끼리 놀고 있는가를 잘 보여준다.

제임스 B. 트위첼, 『럭셔리 신드롬』, 최기철 옮김, 미래의 창, 2002

　교묘하면서도 조직화된 호사품 산업과 인간의 욕망을 자극하는 마케팅 광고가 어떻게 현대인을 지배하고 움직이는가를 분석하였다. 베블런이 비판했던 미국사회의 과시적 소비 행태가 럭셔리하게 발전해 가는 모습을 보게 된다.

연보

1857년 7월 30일 미국 동북부의 노르웨이 개척지 농장에서
12명의 자녀 중 여섯째(넷째 아들)로 태어남.

1859년 베블런의 진화경제학에 영향을 미친 찰스 다윈의
『종의 기원』 출간.

1861년 링컨 대통령 취임, 남북전쟁이 터짐.

1869년 대륙횡단 철도 완성. 철도 부설 과정에서 독점기업
의 온갖 부정과 협잡에 타락한 미국 자본주의의 실상이 드
러남.

1873년 마크 트웨인이 『도금시대 *Gilded Age*』라는 책을 발간
하여 화려한 사회의 이면에 담긴 타락과 위선을 폭로함.
이후 도금시대(1870~1910)는 남북전쟁 이후 미국사회의

독점과 부패를 가리키는 대명사로 불림.

1874년 17살이 되자 베블런을 루터교 목사로 만들 작정이었던 아버지의 뜻에 따라 미네소타 근처에 위치한 칼턴 대학에 입학.

1880년 칼턴 대학을 졸업한 후에 위스콘신의 매디슨에 있는 모노나 아카데미라는 조그만 대학에 자리를 얻었으나 1년 후에 학교가 문을 닫음.

1881년 형 앤드루와 함께 미국 최초의 대학원 대학, 존스홉킨스에서 철학을 공부하기 위해 입학, 거기서 장학금을 받지 못해 다시 1882년에 예일 대학으로 옮김.

1884년 예일 대학에서 「인과응보설의 윤리적 근거」로 박사학위, 그러나 신의 존재를 회의하는 노르웨이 출신이 발붙일 곳은 없었음. 미래의 전망도 없고 말라리아를 치료한다는 핑계로 낙향해서 가족들에게 의탁하면서 책 읽고 글 쓰는 것 이외에는 특별하게 하는 일도 없이 지냄.

1888년 실업자 상태였으나 칼턴 대학에서 사귀었던 엘렌 롤프와 8월에 결혼, 장인이 사는 아이오와 스테이시빌의 농장으로 이사해서 교사직을 구하려 노력했으나 허사.

1891년 박사학위를 받고 6년이 지난 34세까지도 직장을 잡지 못함. 가족회의 끝에 경제학과 대학원 과정을 이수해서 학계에 재도전할 것으로 의견이 모아짐. 마침내 베블런은 고향을 떠나 다시 동부로 돌아감. 코넬 대학의 러플린 교수의 눈에 띠어 특별연구원으로 채용됨.

1892년 러플린 교수가 신설된 시카고 대학의 경제학과장으로 임명되자 그를 따라 35세의 늦은 나이로 첫 직장생활을 시작. 신분은 정규교수가 아닌 조교(tutor)에 불과하였으나 아이러니하게도 부자의 대명사 록펠러가 세운 시카고 대학에서 베블런의 다채로운 집필활동이 시작됨.

1899년 42살 나이에 첫 저서이자 그를 유명하게 만든 『유한계급론』 출간, 그해에 처신 문제와 관습 파괴적 행동 때문에 초라한 강사로서 푸대접을 받아 온 지 8년 만에 조교수로 승진. 한편 록펠러가 스탠더드 오일 트러스트를 출범시켜 미국 전체 석유공급량의 95%를 독점.

1903년 시카고 대학에서 11년째를 보냄, 연봉은 1,000달러의 거액에 달함.

1904년 두 번째 저서로서 『영리기업의 이론』을 발표, 아메리카 독점자본주의와 금융시스템을 날카롭게 분석한 최초의 책으로 평가받음.

1906년 시카고 대학에서 14년 동안 보내던 마지막 해, 여성문제와 총장이 요구하는 대학의 선전방식에 부응할 수 없어서 새로운 직장을 찾아야 했음. 스탠퍼드 대학으로 자리를 옮겼으나 대단한 학식, 접근을 불허하는 개성, 바람기 있다는 소문이 베블런보다 먼저 도착해 있었음.

1909년 여성편력 등의 문제로 12월 스탠퍼드 대학에서 권고
사직 당함. 여기저기 직장을 알아보기 위해 무진장 애를
씀.

1911년 결혼 이후에 별거와 화해를 반복하던 부인과 결국 이
혼, 복잡한 가정문제를 매듭짓고 미주리 대학으로 직장을
옮김(1년마다 갱신하는 강사 신분으로 전락). 이때부터 건강
이 약해지면서 수업에 짜임새가 없어지고 학생들의 불만
도 깊어 감.

1911년 독점금지법에 의해 록펠러의 스탠더드 오일 트러스
트 해체.

1914년 『제작본능론』을 출간하여 사회발전의 원동력을 기
술진보에서 찾고자 했음. 두 딸을 둔 이혼녀이며 1904년부
터 가까운 사이였던 앤 페선든 브래들리와 재혼. 그녀는
극성스러웠던 첫 부인과는 달리 교육은 덜 받았으나 헌신
적 여인으로 알려져 있음.

1915년 『제정독일과 산업혁명』의 출판으로 독일의 군국주
의를 비판.

1917년 1914년에 발발했던 제1차 세계대전에 미국이 참전함.

1917년 7년간을 보내던 미주리 대학을 떠나서 워싱턴의 식
량관리국에서 5개월 남짓 종사하다가 중단.

1918년 가을에 뉴욕으로 가서 진보적 잡지『다이얼』의 편집과 집필업무를 맡음. 잡지는 발간할 때마다 발행부수가 떨어졌음. 한편 10년 전에 완성했던 원고를 공표하여『미국의 고등교육』이란 저서를 펴냄. 대학 이사회가 지배하는 경영체제를 신랄하게 비판.

1919년『다이얼』잡지가 문예지로 바뀌면서 이곳에서 베블런의 생활도 끝나게 됨. 존 듀이 등 4명의 유명인사들과 함께 새로 창설한 뉴 스쿨(New School for Social Research)의 강사로 초빙됨. 여기서 베블런은 연봉 6,000달러를 받는 안정된 생활을 하였는데 연봉 중에서 4,500달러는 시카고 대학의 제자들이 갹출한 것이었음.

1919년『기득권과 보통사람들』출간, 제자들의 편집으로 최초 논문집『현대문명에서 과학의 지위』를 출간했으나 주류경제학으로부터 높은 평가를 받지 못함.

1920년 1년 전부터 입원해 있던 베블런의 둘째 부인 사망.

1921년『기술자와 가격체계』의 출판으로 기술자들이 생산기계 원리에 따라 사회질서를 정비할 것을 주장.

1923년 최후의 저작『부재소유권과 영리기업』을 출간.

1925년 경제학계에서 베블런의 위치가 재조명되고 제자와 지인들이 추진하여 이뤄 냈던 미국경제학회 회장직의 수락을 제안받았으나 거절.

1926년 5월 첫째 부인 엘렌 롤프 사망.

1927년 캘리포니아의 팔로 앨토(스탠퍼드 대학 소재지)로 의 붓딸과 함께 돌아감. 거기서 죽을 때까지 힘든 환경 속에서 바람소리를 듣고 다람쥐와 놀며 지냄.

1929년 8월 3일 서부 캘리포니아의 시골 오두막집에서 62세 나이로 쓸쓸히 숨을 거둠. 때는 월가의 주가가 폭락하고 베블런이 어느 정도 예견했던 대공황이 시작되기 몇 달 전이었음.

1929년 린드 부부가 『미들타운』이란 책에서 대공황기에 극빈자를 제외한 대부분의 노동계층이 꼭 필요한 사치품을 줄이기 전에 음식과 의복의 소비지출을 먼저 줄였다는 사실을 발표.

1938년 『신공화국』 잡지의 편집인이 미국 지성인을 상대로 마음을 감동시킨 책을 물어왔을 때, 베블런의 이름이 가장 많이 나옴.

주

1부

1) Thorstein Veblen(1898), "Why is Economics not an Evolutionary Science?" in *The Place of Science in Modern Civilization*, New Burnswick: Transaction, pp.73-75.

2) E.K.Hunt(1979), *History of Economic Thought*, California: Wadsworth Publishing Co., p.301.

3) 원용찬(2006), 『상상 + 경제학 블로그』, 당대, p.153.

4) G.F. Hodgson(1988), *Economics and Institutions: A Manifesto for a Modern Institutional Economics*, Oxford: Polity Press, p.138.

5) E. Ray Canterbery(1999), "Thorstein Veblen and The Great Gatsby", *Journal of Economic Issue*, XXXIII, No.2: 302.

6) Robert L. Heilbroner(1999), *The Worldly Philosophers: The Lives, Times, and Ideas of the Great Economic Thinking*, New York: A Touchstone Book, p.217.

7) Joseph Dorfman(1934), *Thorstein Veblen and His America*, New York: Sentry Press, p.151.

8) Thorstein Veblen(1934), "The Intellectual Pre-eminence of Jews", in Leon Ardzrooni(ed.), *Essays in Our Changing Order, New Jersey*: Transaction, p.227.

9) 노르웨이에서 베블런의 할아버지는 원래 가족 소유 농장의 주인이었으나 속임수에 넘어가 땅을 뺏기고 천대받는 소작농으로 전락하고 말았다. 베블런의 외할아버지 역시 이런 사정과 비슷하였다. 변호사 비용을 대느라 농

장을 팔지 않을 수 없었고 마침내 소송에서 패하자 베블런의 어머니와 다섯 살짜리 고아를 남겨 두고 젊은 나이에 세상을 떠났다.

10) Joseph Dorfman(1934), *op. cit.*, p.17.

11) 이후 다른 저작들도 도프먼의 이야기를 그대로 좇아 서투른 영어와 대비시켜 베블런의 신화를 강조하고 있다. 베블런은 이미 칼턴 대학에 가기 전에 영어로 수업하는 학교에 다녔고 독일어까지 충분히 구사할 정도였다.

12) Thorstein Veblen(1934), "Kant's Critique of Judgement", in Leon Ardzrooni(ed.), *op. cit.*, p.176.

13) Joseph Dorfman(1934), *op. cit.*, p.68.

14) Thorstein Veblen(1904), *The Theory of Business Enterprise*, New York: Charles Scribner's Sons, pp.20-180.

15) William M. Dugger(1992), *Underground Economics: A Decade of Institutionalist Dissent*, Armonk: M.E. Sharpe, p.27.

16) William T. Ganley(1997), "A Note on the intellectual connection between Albert Einstein and Thorstein Veblen", *JEI*, 31. No.1, p.245. 아인슈타인(1879~1955)은 프린스턴 대학의 수학교수로 있던 베블런의 조카 오스월드Oswald Veblen를 통해서 베블런의 저작들을 만나게 되었다.

17) Joseph Dorfman(1934), *op. cit.*, p.68.

18) *Ibid.*, p.504.

2부

1) Robert L. Heilbroner(1999), *op. cit.*, p.230.

2) Thorstein Veblen(1898), "The Beginning of Ownership", in Leon Ardzrooni(ed.), *op. cit.*, p.44.

3) Thorstein Veblen(1898 a), "The Instinct of Workmanship and the Irksome of Labor", in Leon Ardzrooni(ed.), *op. cit.*, p.78.

4) Thorstein Veblen(1898 b), "Economics and Evolution", in Thorstein

Veblen(ed.), *op. cit.*, p.74.

5) 도정일·최재천(2005), 『대담: 인문학과 자연과학이 만나다』, 휴머니스트, p.237.

6) Thorstein Veblen(1898 a), *op. cit.*, p.81.

7) 박정자(2006), 『로빈슨 크루소의 사치: 소비사회를 사는 현대인의 정경』, 기파랑, p.108.

8) Joseph Dorfman(1934), *op. cit.*, p.147.

9) 리처드 코니프, 이상근 옮김(2003), 『부자』, 까치, p.203.

10) 제임스 B. 트위첼, 최기철 옮김(2003), 『럭서리 신드롬』, 미래의 창, p.189.

11) John Wenzler(1998), "The Metaphysics and Business: Thorstein Veblen", *International Journal of Politics*, 11, No.4.: 551.

12) Max Lerner(1958), *The Portable Veblen*, New York: The Viking Press, p.489.

13) Stjepan Mestrovic(2003), *Thorstein Veblen on Culture and Society*, London: SAGE, pp.3-5.

14) 미우라 아츠시, 이화성 옮김(2006), 『하류사회: 새로운 계층집단의 출현』, 서울: 씨앗을 뿌리는 사람, p.4.

유한계급론

| 펴낸날 | 초판 1쇄 2007년 5월 20일 |
| | 초판 6쇄 2016년 6월 20일 |

지은이	원용찬
펴낸이	심만수
펴낸곳	(주)살림출판사
출판등록	1989년 11월 1일 제9-210호

주소	경기도 파주시 광인사길 30
전화	031-955-1350 팩스 031-624-1356
홈페이지	http://www.sallimbooks.com
이메일	book@sallimbooks.com

| ISBN | 978-89-522-0629-9 04080 |
| | 978-89-522-0314-4 04080 (세트) |